# 土光敏夫

## 『财界名医』的远见和格局

[日] 橘川武郎 著

高佳欣 译

ビジョンとバイタリティを
あわせ持つ改革者

新星出版社 NEW STAR PRESS

# 序

土光敏夫于1982年（昭和五十七年）1月1日至2月2日期间，在《日本经济新闻》中连载了《我的履历书》。文章中回顾了自己在1965年为了东芝的经营重建，在东京芝浦电器（东芝）担任社长时的情景：

"东芝所拥有的资本、员工，大约是石川岛的三倍。这样的一个大家庭，现在生病了，想找出病根可不容易啊！为了找到原因并想出对策，我们做了各种各样的调查。最后终于找到了问题所在，那就是公司人才的优秀程度，我就像吃了定心丸一样——我们拥有这么多有能力的人才，只需下功夫琢磨如何让他们人尽其才，东芝就可以东山再起。

"为了让人才能够发挥各自的长处，我制定了两条策略。

"第一，给组织注入活力。第二，将权限百分之百移交给各个事业部，让他们可以充分地行使职权。

"废除事业部团队制度,也需改变团队责任者的'分管领导'

的属性，变为具体领域的负责人。也就是说，之前事业部长的上面是分管领导。若不向分管领导请示，事业部长就无法处理工作。而现在不一样了，我们将审批权直接百分之百下放给事业部长。

"这一组织形式，在昭和四十四年（1969年），和当时导入的目标管理制度相辅相成，最后发展成为事业部内阁制度。将事业部作为一个公司来考虑，事业部长就是这个公司的社长，而辅佐社长工作的团队就是事业部内阁。以此为中心召开'事业部经营会议'。在会议上自发地制定目标，而后努力完成。既可以自行作出预算，又可以自由执行预算。举个例子，在需要部内人员去国外出差时，部长只需要判断这件事的必要性，然后直接派遣人去就可以。

"但是，最终的责任需要最高责任者来承担。因此，上下级之间的交流是基础，必须做到位。将日常工作全方位托付给事业部之后，高层和主管领导只需要从外围对其事业活动进行管理和维护即可。这样一来，基层工作者就不得不自发地投入到工作中，'今年以……作为目标，争取创造……金额的利润'。因为目标是大家自己设定的，所以会为实现目标而共同努力。如果你没有达成目标，那么接下来将由我继续挑战。我将这一工作方式起名为'挑战·应战式经营管理'。

"作为社长,不能将自己置于众人之外。我喜欢坦诚直率的处事方式,即使通过努力成就了企业,也没有理由高高在上。虽然每天的会议定于八点半开始,但是为了给那些有想法的职员们提供说话的机会,社长室的大门从七点半就打开了。最初大家都有些生疏和客气,不到半年时间,每天上午的这一个小时就不够用了。当然其他时间我也非常欢迎员工与我沟通交流。

"员工们有如此的干劲儿,可以说是'挑战·应战经营管理有问必答'模式的成果。这一语句,是我在阅读英国历史学家汤因比(英国的历史学家 Arnold Joseph Toynbee——引用者注释)所著书籍中发现的。其中'Challenge'翻译为'挑战',其实根据语境还有一些其他的意思,比如'号召、讨论以促使其参加',或者'要求解释说明'等。

"要全面将工作交给事业部,但是当他们完不成目标时,就要展开'提问讨论'。员工自己确定的目标为什么没能实现?要求其说明原因,然后号召大家讨论。这时,对方就不得不在短时间内回答(Response)。在提问与回答的过程中,会碰撞出思想的火花,同时增进相互信赖的关系。提问与回答这一经营模式,不仅仅存在于我和事业部之间,分管领导和事业部长之间,事业部长和部内员工之间也是如此。

"一般情况下公司的组织结构为社长在最高位,接下来是主管、部长、科长往下延续，我认为这样是不行的。公司的组织结构原本应该像太阳系一样，以太阳为中心，各种各样的行星一边自转，一边描绘自身的运行轨迹。在工作中，社长也好，职员也罢，应当属于同一级别。要培养这一意识，最好的办法就是召开讨论会。'挑战·应战式经营管理'，同时也是一种会议讨论的形式。"（以上引用《我的履历书》第156~163页）

土光敏夫导入东芝的"挑战·应战式经营管理模式"，持续了大约半个世纪。2015年（平成二十七年），东芝轰动一时的财务丑闻事件曝光，成为一个不可忽视的社会问题。直到撰写本书的2016年7月，这一事件仍然没有最终解决。概括这一事件的关键词，不是别的，正是"挑战（Challenge）"。

关于财务丑闻事件，经营上层对于各事业部，就目标达成和收益改善，提出了过分的要求，也就是所谓的"挑战"，这个"挑战"被视为粉饰决算的直接原因。为了自下而上激发员工潜能，提高组织生命力，构筑相互信赖的关系，土光引入了"挑战"思想。但在财务丑闻事件中，却变成自上而下半强制性的命令，出现了企业组织生命力丧失，以及相互信赖关系被破坏的局面，完全适得其反。在同一个公司里，为什么会出现两种相反的结果呢？

土光敏夫与造成财务丑闻事件的高管，在哪些方面，有着怎样的不同呢？

这本书将重新评价土光敏夫，也将着眼于这些疑问，寻找适合当今日本企业的、鲜活且顺应时代的土光敏夫的经营思想本质。

土光敏夫是日本评传史上出版传记最多的经营者之一，人们可以看到"清贫""无私""骨气""信念""怒吼""批评总理""厚重""威望""知人善任"等层出不穷的代表他的关键词。这些关键词都没有错，也的确将土光的特征把握得非常到位，但是，却没有将他经营思想的精髓准确地体现出来。

在土光敏夫的经营思想中，哪些直到今天仍然散发着光芒呢？

本书旨在寻找这一问题的答案。在第一部中，回顾土光的一生；在第二部中，将他的经营思想的本质，以及在今天的意义，结合日本经济的再生进行考察：在第三部中，对其人生哲学以及人物形象也做了评述。另外，土光敏夫的长子土光阳一郎，就其父亲的人物形象给出了他的见解，在此表达由衷的感谢。

关于土光，已经出版的相关书籍有许多。本书主要是根据之前提到的《我的履历书》，一边向大家介绍出版物中描述的土光敏夫的多面性，一边追寻他一生足迹，以此展开本书的脉络。关于来源出处及引用处均加以注释。

本书使用的基本参考文献如下：

◎土光敏夫，《我的履历书》日本经济新闻社，1983年

如前所述，土光敏夫的《我的履历书》，曾在1982年的《日本经济新闻》上连载，后编成单行本出版。关于他的很多评传都是以这本书为基础资料的，可以说是一本回顾其一生的必读之书。

◎石川岛播磨重工业株式会社，《石川岛播磨重工业社史沿革·资料编》，1992年

◎石川岛播磨重工业株式会社，《石川岛播磨重工业社史技术·制品编》，1992年

土光敏夫，东京高等工业学校毕业，于1920年（大正九年）入职东京石川岛造船所，成为一名涡轮机技师，并崭露头角。后历任子公司石川岛芝浦涡轮机、石川岛重工业（原东京石川岛造船所）、石川岛播磨重工业的社长，想要了解在石川岛时的土光，有必要读一下这两本会社史料。

◎东京芝浦电气株式会社，《东芝百年史》，1977年

土光敏夫自1965年（昭和40年）至1972年，担任东京芝浦电气（东芝）社长，为该社经营重建做出成绩。从这份会社史料中可以了解到他对东芝的发展起到的作用。

◎社团法人经济团体联合会,《经济团体联合会50年史》,1999年

土光敏夫1974—1980年担任经济团体联合会（经团连）会长。此后,1981—1983年担任临时行政调查会（临调）会长。1983—1986年,又任临时行政改革推进审议会（行革审）会长。这本书对他在经团连、临调、行革审时代所做出的活跃业绩,有着详细记载。

橘川武郎

2016年12月

# 目 录

**第一部 详传**

**从根源解决危机**
**"财界名医"土光敏夫的一生**

Ⅰ 成长经历和青年时代 / 003

Ⅱ "土光涡轮机" / 016

Ⅲ 重建石川岛重工业 / 038

Ⅳ 重建东芝 / 066

Ⅴ 经团联会长时代 / 112

Ⅵ 临调·行革审会长时代 / 132

第二部 考论

## 日本经济的重建和土光敏夫的经营思想
## 今天需要的是什么？

Ⅰ 土光的担忧成为现实 / 157

Ⅱ 日本式经营与土光敏夫 / 168

Ⅲ 土光的经营思想在今天的意义 / 191

Ⅳ 合理的精神·远见·活力 / 206


第三部 人物形象

## 用名言串联起土光敏夫的一生
## 简单的人格魅力

Ⅰ 18句名言 / 215

Ⅱ 土光敏夫的真实面貌——长男土光阳一郎如是说 / 233

后记 / 250


"企业家土光敏夫"简略年表 / 252

写在 PHP 经营丛书"日本的企业家"系列发行之际 / 255

第一部 详传

# 从根源解决危机
# "财界名医"土光敏夫的一生

# I 成长经历和青年时代

**诞生**

1896年（明治二十九年）9月15日，土光敏夫诞生在冈山县御津郡大野村的一户普通农家，父亲名为菊次郎，母亲叫登美。因长子出生后不久便病死，所以他一直被父母当作长子养大。

当时敏夫的家庭条件算是"中等偏下的农家[1]"，除了种地，家里还做一些销售稻米和肥料的小生意。从那时起，体格强健的敏夫就经常替父亲搬送货物，帮忙操持家业。

松泽光雄的《土光敏夫的成长经历和真实面貌》一书中详细记述了敏夫的幼年时代，"土光家的孩子们都受到父母的严格家教，特别是少年时代的长子敏夫，接受的家教更为严格。母亲登美对少年敏夫的教育，就像是武士家的母亲培育男孩一般严苛"[2]。

少年时代的敏夫非常乖巧听话。不过，他只要从学业和家业中解放出来，就会和邻家的孩子们一起四处跑着玩耍。身材高大的敏夫自然是"孩子王"，负责调解孩子们之间的争吵打闹，在朋友们当中极富威信与声望。

有一次，敏夫和朋友们一起比赛做"竹蜻蜓"。敏夫花费了大概 20 天的时间，反复试验，收集了许多关于竹蜻蜓的数据，包括翅膀的长度、宽度，竹柄的长度、粗细等。在小学校园内举办的竹蜻蜓竞技大赛上，敏夫根据这些数据做出的竹蜻蜓比其他所有人的竹蜻蜓飞得都远。松泽光雄的《土光敏夫的成长经历和真实面貌》一书中介绍了这段故事并记载道："父亲和母亲都鼓励他说，'一旦决定开始做一件事情，不成功绝对不可以轻言放弃，一定要坚持到最后一秒'[3]，从少年时代就受到父母的熏陶，土光敏夫逐渐养成了富有科学性的研究习惯。"[4]

### 母亲的力量

土光家世世代代都是日莲宗虔诚的信徒，敏夫的父母也不例外。在长女满寿子罹患肺结核徘徊在生死边缘时，父亲菊次郎坚持为女儿虔心诵读法华经。而母亲登美则一边诵读经书，一边找专业医师商谈，把女儿满寿子送入镰仓的疗养院，帮助她战胜了病魔。敏夫曾说，父亲的信仰接近于"绝对的信仰"，与此相对，母亲的信仰"比起父亲来说有过之而无不及，但是却更加理性"。[5]

登美热心于教育,并且是日莲宗虔诚的皈依者,所以敏夫在幼年时代便接受了母亲严格的家教。她不仅热心于教育自己的孩子,还秉持着"母亲不坚强,国家将灭亡"的信念,在女子教育事业上也倾注了自己的心血。例如,本书的后续章节会讲道,1942年(昭和十七年),登美在第二次世界大战的困难时局下,依然在横滨创建了一所女子学校——橘学苑(原橘女学校)。

宫野澄在1983年出版的《正确而强大——土光敏夫其人其母》书中这样记述:"亲戚们都说,土光敏夫是最像母亲的。"[6]宫野还说:"登美在70岁时、土光在86岁时,都遇到'决定性的工作'。"[7]这里说的工作,对于登美来说是创立橘学苑,对于土光来说是行政改革的工作。

出町让最近的新书《母亲的力量——成就土光敏夫的100条格言》深度挖掘了母亲登美对于土光敏夫的影响。这本书写道:

1871年,即明治四年,登美出生在冈山县,本姓伏见,父亲是池田藩的家臣。她18岁时嫁到一户姓土光的农家,生下敏夫。

土光敏夫的长子阳一郎至今还记得那个十分疼爱自己的奶

奶登美。"替外出工作的父亲照看孩子。无论做什么事情都显得心胸宽、格局广，所以我总是叫她大方奶奶。"

她绝对不是那种唠唠叨叨的人，总是能大度地与孩子们交流，从心底里爱着自己的孙子。她其实是一位普普通通的母亲，一位普普通通的祖母。[8]

1961年，土光敏夫在母亲十七周年忌日时出版了追悼集《橘之香》，记述了关于母亲登美的回忆。

我无时无刻不思念着我的母亲。所以真是不知道该从何下笔。在这人世间，又有谁不是对自己母亲的记忆最为深刻呢？而我对母亲的记忆更是如此。即使是现在，那些不谙世事的孩提时代里关于母亲的回忆，都深深地烙印在我的心头。无论何时，过往的回忆仍像是昨日一般在我的脑海里鲜活地重现。母亲给予了我众多深刻的回忆，在我的心里，她依然活着。就像她随时都会打开后面的厨房门走进来一样，永远活在我的心中。因此，我无法写出任何关于母亲的回忆。[9]

从这篇文章中我们可以知道，母亲登美对土光敏夫的影响是何等深远而强烈。

岁月流逝，写下这篇文章之后的第25个春秋，1986年11月5日，昭和天皇亲自为坐在轮椅上的土光敏夫颁发了勋一等旭日桐花大授章。土光敏夫为行政改革事业所做的努力，

得到了世间的认可。关于此次授勋,土光是这样说的:

> 我恪守母亲"个人要朴素,社会要富裕"的教导,我相信这正是行政改革的基本理念,本人也仅是为之献上绵薄之力。幸运的是我得到了国民的理解和协助,使我能够顺利完成自己的使命。非常荣幸能和广大国民一起分享此次授勋的喜悦心情。同时,如果这次得到的荣誉能够成为未来行政改革的支柱,能够激励参与推进改革事业的人们,从而贯彻行政事业的朴素化、合理化,实现我做梦都想实现的真正富裕,对我而言没有比这更幸福的事情了。[10]

土光敏夫晚年为了行政改革鞠躬尽瘁,而在他的人生中,母亲登美的教诲就是那颗永远不会黯淡的启明星。

**关西中学和山内校长贯彻的精神**

1903年(明治三十六年),土光敏夫进入大野村立大野寻常小学读书。之后,他在完全没有任何准备的情况下,参加了县里竞争最激烈的县立冈山中学(现在的冈山朝日高中)的入学考试,结果未能通过。

1911年(明治四十四年),土光敏夫进入私立关西中学(现在的关西高中),在那里,他结识了山内佐太郎校长。山内校长既严厉又亲切,这位德高望重的校长教导他:"想做的事就要努力做，就要坚持到底。一个人不应该受人强迫才去做事，而应该将自己认为有价值的事做到最好。"[11] 少年时代的土光敏夫把校长的教导铭记于心。

在关西中学每日例行的早会或修身教育课上，山内校长总是把下面六条训导挂在嘴边。

第一，以诚为本。以诚实与正直为本分。至诚——这才是最重要的精神。

第二，勤劳为主。这与二宫尊德提倡的"只要勤奋不怠，即使不念佛，不祈祷，也能与神明相通，沐浴佛陀的慈悲"思想一脉相承。

第三，德操为本。要拥有德操，坚强的意志和高洁的心灵是必要条件。

第四，智慧以用。

第五，报国尽忠。

第六，培养国士之魂。

关西中学讲堂正面入口处悬挂着著名书法家森谷金峯[12] 亲笔书写的这六条训导。这六条训导十分深刻地影响着土光敏夫的人生。

前述的《土光敏夫的成长经历和真实面貌》一书中这样写道，"山内校长这种贯彻精神的教育方针，在敏夫身上体现在三个方面：一是'曳舟读书'，二是'彻夜学习'，三是'中国山地100公里的徒步行进'。这三个方面在他的人格形成期产生了深远的影响"。[13]

第一个"曳舟读书"，是指一边拖船一边读书。土光敏夫家里虽从事农业，但是经营着稻米和肥料的小生意，几乎每天都需要有人将纤绳揽在肩上，步行拖船运送货物。父亲因为曳舟而受伤，而代替父亲的人，正是少年敏夫。往返两个小时的路途中，敏夫一手拖船，一手秉书阅读。他从小学五年级就开始"曳舟读书"，而在升入关西中学之后，又从山内校长那里听到二宫金次郎（尊德）身背柴火和行李读书的故事。自此以后，敏夫就更加热衷于"曳舟读书"。

第二个"彻夜学习"讲的是有一次敏夫在早会上听到山内校长的讲话，大为感动并决定付诸实践。当时山内校长是这么说的：

我知道只要平常好好学习不用熬夜也没问题。但是自古以来人们都会为了考试而彻夜读书，彻夜学习历史悠久。所以干脆就从现在开始锻炼自己的体能，让自己身体强健，能够彻夜学习两三天也没问题吧。但是如果是彻夜游玩而不是学习，就是愚蠢至极。通过彻夜学习拿高分吧！通过彻夜学习成为楷模吧！只要多拿一分就是胜利者；只要多拿一分就能超越100个人。即使走上社会也是一样的，到了关键时刻，如果不通宵努力，很可能会前功尽弃，所以在中学时代就要培养这种彻夜学习和工作的能力。自古以来的学者都是彻夜学习的典范，听说大多学者都是在彻夜学习时有了新的发现。还有人说彻夜学习的第一天，是头脑反应最为敏捷和灵活的时候。[14]

少年敏夫听完校长的这番话后立刻付诸行动。他的睡眠时间一直很短，这个伴其一生的习惯可能就是中学时彻夜学习开始的。

第三个"中国山地100公里的徒步行进"。这是山内校长在关西中学开展的著名活动。学生们要先从冈山坐火车经由姬路到达丰冈，再以丰冈为起点，路经城崎、鸟取沙丘、出云大社，返回米子。他们身背背包，只穿胶底袜子或者草鞋，徒步走回津山之后，再从津山坐火车返回冈山，耗时两天三夜，可谓是非常残酷的徒步行进。在此次行进中，年少敏夫大显身手，不仅担任喇叭号手顺利完成任务，还不顾自己的腹痛，解救了从山崖上摔落的伙伴。

就这样，土光敏夫在关西中学，学习并实践了山内校长贯彻的精神。在冈山县的中学柔道大会上，他还作为关西中学的大将出场，仅凭一人之力，就将老对手冈山中学的所有人打倒在地，最终为关西中学赢得了首次优胜。可以说这也是得益于山内校长贯彻的精神。

**东京高等工业学校**

土光敏夫从关西中学毕业后，于1917年（大正六年），进入位于藏前的东京高等工业学校机械科。土光之所以将工程师作为自己的奋斗目标，离不开伯父（父亲的哥哥）常一郎的深刻影响。常一郎曾经参与了琵琶湖倾斜铁道（使用动力移动台车，以此来升降货物或船舶的装置）的建造，是一位优秀的机械技师。

[东京高等工业学"升级运动实行委员"（为从高等专门学校升为大学的运动）的时代。最前排从右边数第三位是土光（《1920年毕业相册》）／照片提供：东京工业大学博物馆]

土光敏夫为了筹措东京高等工业学校的学费，付出了很多努力。"在我需要准备学费时，母亲毫不犹豫地说，'每年卖1反（译者注：1反≈991.736平方米）地，给敏夫当学费'。但是如果这么下去，我们家仅有的一点土地也保不住了。当时这个办法好像也遭到身边不少人的反对。因为知道家里的这些情况，所以我在藏前的三年里，尽可能多的打一些零工，想要通过自己的努力，减轻家里的负担。"[15]

东京高等工业学校的教育方针是，不急于进行理论和原理的教学，而是要求学生先掌握专门的技术和相关知识。在手岛精一校长的指导方针下，土光身着作业服，为了成为一个优秀的技术人员，做出了不懈的努力。

另外，由于土光是以第一名的好成绩考入该校的，因此当选了学校的年级委员，并且成为东京高等工业学校的大学升级运动的领袖。除此之外，他还率领游行队伍到当时的文部大臣——中桥德五郎的府邸等，一跃成为当时的活跃人物，他所带领的这个活动也被传承下来并延续至今。而当时的东京高等工业学校，也于1929年（昭和四年）升级为东京工业大学。

### 与"蒸汽涡轮机"的相遇

在东京高等工业学校学习期间，土光敏夫偶然在神田的旧书店，发现了一本名为《蒸汽涡轮机》的旧书。从那以后，他开始贪婪地搜寻和阅读有关蒸汽涡轮机的英语和德语版的专业书籍。虽然在语言上有很大的障碍，但是他并没有放弃，设法找到在东京工作的英国人或者德国人，与他们开展英语、德语和日语的"互帮互助"小组，终于跨越了语言这个难关。关于那一段过往，在松泽的《土光敏夫的成长经历和真实面貌》一书中，有着如下的详细记述：

一本名为《蒸汽涡轮机》的日译版旧书，忽然映入青年敏夫的眼帘。在他的脑海中，霎时间闪过一道火花，好像这本书就是在等待着他的出现一样——虽然可能会被别人买走，但是它就这样在这家旧书屋里的角落里等待着土光敏夫的到来。不过这本书也不会想到，自己会为敏夫的命运带来这么大的转变。敏夫当即把这本书买走，开启了学习之旅，为此他甚至取消了次日回乡的计划。

在当时，没有人对涡轮机一类的东西抱有太大的兴趣。但是，敏夫却凭敏锐的直觉，或者说只是隐隐约约地预感到，总有一天，涡轮机将会支配整个世界范围内的工业。后来他了解到英国、法国、瑞士、德国、美国这五个国家有世界上最先进的涡轮机技术，于是他拜托书店老板，只要有这几个国家关于涡轮机的书刊上市，就马上通知他。青年敏夫从那一天开始，坚持每天只睡5个小时,抓紧一切时间沉浸在书本的海洋中。

书店老板告诉他,有关涡轮机的书刊大多是英语版或是德语版。对于青年敏夫来说,想要完全读懂英文和德文还非常困难。他便奔走于有英国人或是德国人工作的公司,请求对方和自己成为语言学习伙伴。自己可以教对方日语,而对方要相应地教自己英语或是德语,不需要付任何费用。[16]

通过这样不懈地努力,敏夫成为东京高等工业学校里(包括老师和学生),对涡轮机最为了解的人。后来他被人们称作"土光涡轮机",便是得益于这个时候构筑的知识基础。

---

**注释:**

1 土光敏夫(1983年),《我的履历书》(日本经济新闻社)第29页。
2 松泽光雄(1992年),《土光敏夫的成长经历与真实面貌》(山手书房新社)第11页。
3 同上书,第14页。
5 上述《我的履历书》第48页。
6 宫野澄(1983年),《正确而强大——土光敏夫其人其母》(讲谈社)第10页。
7 同上。
8 出町让(2013年),《母亲的力量——成就土光敏夫的100条格言》(文艺春秋)第18页。

9　橘学苑（1961年），《橘之香——追忆土光登美老师》（同学苑私家版）第107页。

10　上述《母亲的力量——成就土光敏夫的100条格言》第15~16页。

11　上述《土光敏夫的成长经历与真实面貌》第19页。

12　上述《我的履历书》第39~40页。

13　上述《土光敏夫的成长经历与真实面貌》第23页。

14　同上书，第25~26页。

15　上述《我的履历书》第83~84页。

16　上述《土光敏夫的成长经历与真实面貌》第56~57页。

## II "土光涡轮机"

### 入职东京石川岛造船所

1920年(大正九年),土光敏夫从东京高等工业学校机械科毕业,进入东京石川岛造船所。第一次世界大战(1914—1918年)的战时繁荣,从1920年开始呈现出萧条的局面。只有东京高等工业学校的毕业生仍然保持着"卖方市场",向他们抛出橄榄枝的人依旧很多。

同学们相继进入待遇优厚的公司,而土光却选择了工资相对较低的石川岛造船所。因为他是年级委员,所以一开始一直在帮助同伴们的就职,之后才开始慢慢找工作,就没有找到高薪的工作。但是我们还是要强调,土光是主动选择了东京石川岛造船所。因为当时的东京石川岛造船所正致力于涡轮机的开发研究,他们的工作方向与想要为涡轮机国产化做出贡献的土光不谋而合。

### 东京石川岛造船所的沿革

首先我们来了解一下土光敏夫进入公司后东京石川岛造船所的沿革。该公司组织关系图如图1所示（第34~35页）。

"上喜撰扰太平梦，只来四杯难入眠"[上喜撰是名茶，与"蒸汽船"即"蒸汽机船"同音，四杯也可以理解为四艘蒸汽机船。这句狂歌的意思是，沉浸在太平美梦中的日本人如同饮下四杯上喜撰一样（四艘蒸汽机船来到日本），再也无法安心入眠]。1853年（嘉永六年）7月，海军准将马修·佩里率领美国东印度舰队（黑船）来到浦贺海面，这首有名的狂歌描述的就是这个历史事件。

反应迅速的江户幕府在2个月后的1853年9月，废止了自1635年（宽永十二年）开始实施并持续了200多年的"大船建造禁制令"，并命令水户藩建造大船。于是水户藩开始着手在江户隅田川河口的石川岛建设造船厂，并于1853年12月经幕府之手建成石川岛造船所。

经过明治维新，石川岛造船所在1871年（明治四年）归属兵部省管辖，又于1872年归属到新创立的海军省。海军省接管造船所的同时，将石川岛造船所分为石川岛修船所和石川岛造兵所两部分，但不久后负责造船的石川岛修船所在1876年关闭了，这是因为造船的主力工厂迁移到了1864年（元治元年）建成的横须贺制铁所，该所于1871年改名为横须贺造船所。

1876年10月30日，石川岛修船所改名为石川岛平野造船所东山再起。石川岛平野造船所是民营西式造船所的先驱，它的创办者是1846年（弘化三年）生于长崎的平野富二。因为他在长崎制铁所当过实习机车司机，所以掌握造船技术、航海术、发动机操纵等一系列技术。得知石川岛修船所关闭的消息，平野马上联系海军省，申请租赁修船所的旧址，最终得到了海军省的许可，创办了石川岛平野造船所。

平野富二招来稻木嘉助等人帮助他快速开展造船业务，后者曾担任横须贺造船所的工头同时也是十分优秀的技术工人。石川岛平野造船所在创办的第二年，即1877年（明治十年），建造了外轮船"通运丸"号（34总吨），随后，在1878年建造了双螺旋桨推动的木制汽船"通快丸"号（37总吨）。石川岛平野造船所为了筹措资金，在1889年1月变更为公司制，改组为石川岛造船所有限责任公司。平野富二为石川岛造船所打下坚实的经营基础后，于1892年12月2日倒在了演讲台上，第二天便撒手人寰。

1893年商法颁布后，石川岛造船所有限责任公司又改名为东京石川岛造船所株式会社。1920年，土光敏夫进入的就是这家公司。

**第一次世界大战与东京石川岛造船所**

土光敏夫在第一次世界大战（1914—1918年）结束2年以后进入东京石川岛造船所。在第一次世界大战期间，东京石川岛造船所的业务范围明显扩大。关于这一点，在石川岛播磨重工业（株）《石川岛播磨重工业社史沿革·资料编》中有如下记载：

因为大规模战争的爆发而导致运输需求激增。另外，因为德国采取了激进的破坏通商战略，用潜艇对船只进行无差别攻击，也导致联合国的船只极度紧缺。因此第一次世界大战引发了造船热潮。欧洲诸国的船舶供给能力不久就达到了极限，日本国内的海运公司一直以来都在国外订购新船，现在不得不改为在国内订购。而随着战争的持续，国内的造船公司们还接到了许多来自国外的订单。再加上国家给予的扶持政策，日本的造船业通过近半个世纪的近代化努力，终于迎来一片繁荣景象，登上了国际舞台。大正二年（1913年），除了东京石川岛造船所，全年能够建造1000吨以上船舶的企业只有4家，但到了大正七年已经激增到53家。全年总生产量也从大正四年的49408吨，上升到大正五年的145624吨，大正六年的

图1 东京石川岛造船所（现IHI）组织关系图

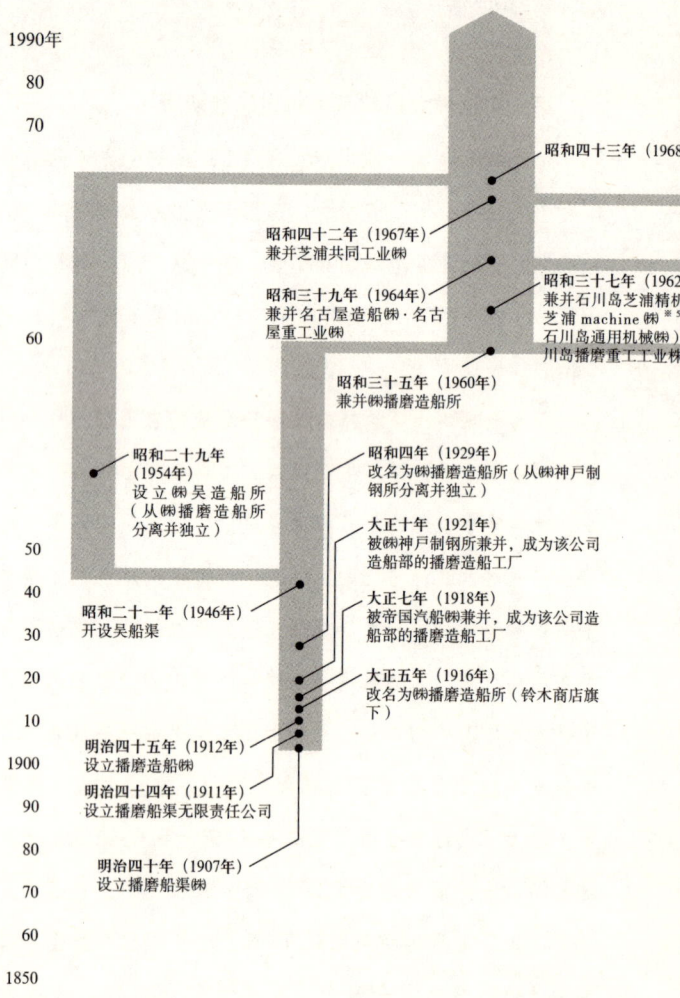

【来源】：石川岛播磨重工业（株）《石川岛播磨重工业社史沿革·资料编》，1992年。

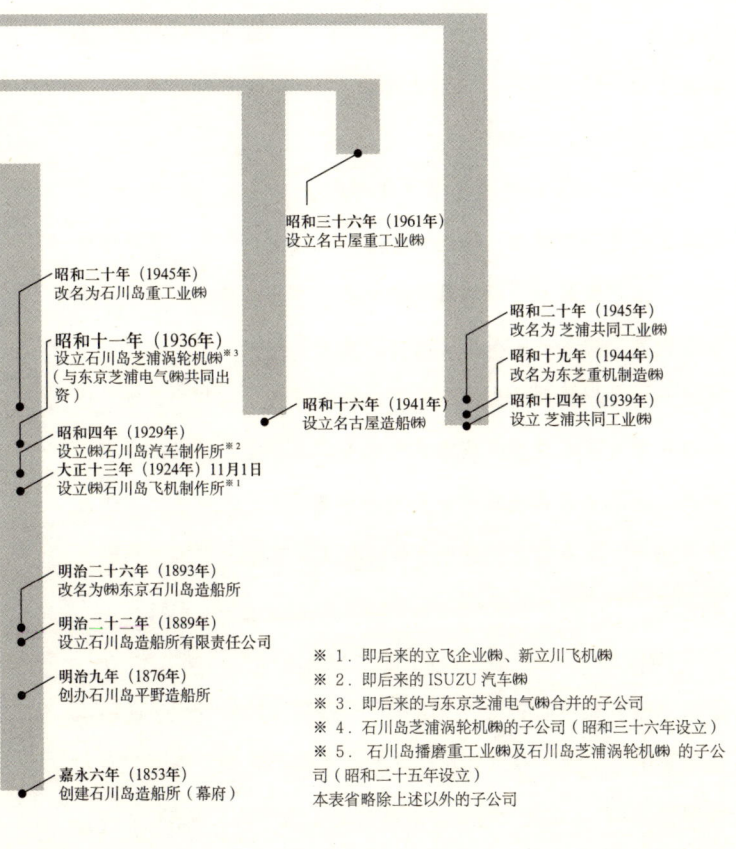

昭和三十六年（1961年）
设立名古屋重工业㈱

昭和二十年（1945年）
改名为石川岛重工业㈱

**昭和十一年（1936年）**
设立石川岛芝浦涡轮机㈱※3
（与东京芝浦电气㈱共同出资）

昭和四年（1929年）
设立㈱石川岛汽车制作所※2

大正十三年（1924年）11月1日
设立㈱石川岛飞机制作所※1

昭和二十年（1945年）
改名为芝浦共同工业㈱

昭和十九年（1944年）
改名为东芝重机制造㈱

昭和十六年（1941年）
设立名古屋造船㈱

昭和十四年（1939年）
设立 芝浦共同工业㈱

明治二十六年（1893年）
改名为㈱东京石川岛造船所

明治二十二年（1889年）
设立石川岛造船所有限责任公司

明治九年（1876年）
创办石川岛平野造船所

嘉永六年（1853年）
创建石川岛造船所（幕府）

※1．即后来的立飞企业㈱、新立川飞机㈱
※2．即后来的 ISUZU 汽车㈱
※3．即后来的与东京芝浦电气㈱合并的子公司
※4．石川岛芝浦涡轮机㈱的子公司（昭和三十六年设立）
※5．石川岛播磨重工业㈱及石川岛芝浦涡轮机㈱ 的子公司（昭和二十五年设立）
本表省略除上述以外的子公司

021

350141 吨，直到大正八年的 611883 吨达到了顶峰。至此，日本成为继美国、英国之后的世界第 3 个造船大国。[1]

伴随着第一次世界大战引发的"造船热"，借助战后的复兴，景气的局面持续到第一次世界大战结束的第二年，即 1919 年（大正八年）。但是到了 1920 年，战后恐慌爆发，造船业不得不面对急转直下的大萧条。《石川岛播磨重工业社史沿革·资料编》介绍道：

第一次世界大战结束带来了另外一个巨大的影响——世界规模的经济大萧条。造成大萧条的原因有两个，一是军需骤减，二是伴随政治形态的激烈变化产生产业结构上的萧条。第一次世界大战后的一小段时间内，因为一些战争中未交货的订单以及复兴所需而产生的订单，造船业维持了短暂的繁荣，但是很快就被萧条席卷。危机首先从海运业开始。新兴的小船主破产，大船主也只能进行优化治理和整合。这个状况马上波及造船业，许多拥有较多库存的造船工厂都陷入了倒闭和破产的泥潭。[2]

1920 年（大正九年），土光敏夫进入东京石川岛造船所时，正是造船业从空前的繁荣跌落到大萧条时代的转折点。在造船业萧条的时代里，东京石川岛造船所不得不转型，提出"从大海转到陆地"。而这一转变，给新社员土光带来了极大的影响。

### 东京石川岛造船所的蒸汽涡轮机事业

通过《石川岛播磨重工业社史沿革·资料编》的记述，我们可以详细了解当时土光敏夫进入公司时候的状况：

大正七年（1918年），海军提出了八六舰队、八八舰队的构想，这些大规模的建造计划对于当时的造船业是救命稻草。出于保护造船业和发展民间造船技术等方面的考虑，政府提出巡洋舰以下的辅助舰由民间造船所完成的方案。大正年间海军建造了90艘驱逐舰，东京石川岛造船所负责完成其中的8艘。第一次世界大战后，由于建造大型货船的订单骤减，造船所依靠拖网渔船和疏浚船等小型船舶的订单才勉强维持生息，所以这些驱逐舰的订单简直就是救星下凡。可是，大正十一年（1922年）2月，军需订单刚刚带来的一丝希望，就被《华盛顿海军条约》打破。海军工厂和主要的民间造船所相继被迫中断了正在建设的主力舰工程，辅助舰的建造也不断遭到毁约。东京石川岛造船所也有3艘二等巡洋舰的协议被撤回。大正十年，东京石川岛造船所从瑞士的Escher Wyss公司引入了佐利式舰用蒸汽涡轮机技术，把它改良并开发成为舰本式涡轮机，并于大正十一年，作为二等驱逐舰"堇"的主涡轮机使用。这是国有军舰首次搭载国产主涡轮机，东京石川岛造船所也因此成为海军涡轮机的指定生产工厂，大显身手。于是东京石川岛造船所仍像往年一样，接到了驱逐舰的订单，弥补了造船、机械部门工程量不足的问题。[3]

根据这些记载我们可以发现，1920年（大正九年）的反动恐慌以后，海军舰特别是驱逐舰的制造，是深陷大萧条的东京石川岛造船所的"命根"，因为在大正年间导入了瑞士的Escher Wyss公司的佐利式舰用蒸汽涡轮机技术，才得以继续建造驱逐舰，涡轮机技术这项副业实际上掌握了东京石川岛造船所的命运。就在这个时候，后来被人称作"土光涡轮机"的土光敏夫进入公司。大正时代结束，昭和时代到来，来自海军的驱逐舰订单也渐渐消失了。东京石川岛造船所不得不利用涡轮机技术，正式开始"从大海向陆地发展"。关于那段时间的情况，石川岛播磨重工业（株）《石川岛播磨重工业社史沿革·资料编》中记载："到了昭和初期，因为受到《华盛顿海军条约》的影响，舰艇的需求量大幅下降，公司开始正式投入陆上涡轮机和泵用小型涡轮机的开发制作。当时的主要产品有：昭和四年（1929年）秩父水泥安装的7500千瓦的发电用涡轮机，昭和五年八幡制铁所安装的25000千瓦涡轮机，以及昭和八年关西共同火力发电所安装的53000千瓦涡轮机——这是当时国内最大级别的涡轮机。"[4]土光深度参与了秩父水泥的发电用涡轮机的开发制作工程。接下来，让我们一起来回顾土光进入公司到参与涡轮机工程的这段时光吧。

**配属涡轮机部门和瑞士留学**

看到这里我们已经知道，土光敏夫进入公司时，正值第一次世界大战结束，造船热逐渐冷却，东京石川岛造船要直面萧条期。该公司不得不将经营的重点从造船转移到机械制造，因此土光被分配到了从事涡轮机设计的部门。

19世纪80年代初的很长一段时间里，涡轮机行业逐渐发展，帕森斯式和约翰布朗式等英国制品占据着主流地位。但是，土光进入东京石川岛造船所时，瑞士的Escher Wyss公司制造的佐利式涡轮机引起了人们的关注。英国制造的涡轮机里每台都有数十万个水平旋翼，与此相对，佐利式涡轮机只有三四千个，因此可以高速旋转。另外，佐利式涡轮机使用高品质材料，加工检验也十分严格，所以几乎很少发生故障。它的优秀性能得到东京石川岛造船所的青睐，于1921年（大正十年）与Escher Wyss公司签下合约，得到了亚洲的独家生产和销售权。

《我的履历书》一书 如下描述土光进入公司后的情形。

如果只是进口或是出售外国产的机器，我们这些技术工作者还有什么存在的价值。现在好不容易引进了优秀的机器，如果不鼓励大家努力钻研，自主生产国货，就失去了引进的意义。打头阵的就是设计科。

我们开始一手翻阅词典，一手进行试验。公司要求我们，一定要努力掌握陆上涡轮机的技术。本来石川岛就有浓厚的技术学习氛围，是一个"不为了工资，把工作当兴趣"的家伙才能来的地方。现在这种氛围更加浓厚，下班后还有许多前辈认真钻研力学二十题。[5]

在东京石川岛造船所，土光很快就获得前往涡轮机研发第一线的机会。受第一次世界大战后的造船大萧条和1921年的《华盛顿海军条约》的影响，东京石川岛造船所把涡轮机开发的重点从船舶用转移到陆地用，为此公司决定派遣研究员到陆地用涡轮机头号厂家——瑞士的Escher Wyss公司学习。土光就在其列。

土光于1922年（大正十一年）1月前往瑞士。在Escher Wyss公司，他的钻研精神震惊了来自世界各地的研究员，这是关西中学山内佐太郎校长的"想要做的事就努力做，就要坚持到底"精神的实践，也是贯穿土光人生"贯彻精进""彻底精通"精神的本色。在为数不多的休息时间，土光会出门滑雪，这也是他唯一可以喘口气的机会。

出发前往瑞士之前，土光和东京石川岛造船所的董事——

栗田金太郎的长女直子相亲，栗田家的祖先是佐贺藩士。1924年土光从瑞士回国后与直子完婚。

### 国产涡轮机

回国后，土光敏夫学以致用，经过5年的努力，为陆地用涡轮机的事业带来了质的飞跃。

东京石川岛造船所从1922年（大正十一年）开始制造国产涡轮机，但安装在驱逐舰"堇""蓬""朝颜"上的船舶用涡轮机，仍旧只是经过改良的佐利式涡轮机。真正意义上开始制造大型陆用涡轮机，是在1928年（昭和三年），这一年造船所为台湾制糖厂的发电机配制了一款700千瓦的涡轮机。1929年（昭和四年），东京石川岛造船所为秩父水泥厂生产了第一台真正意义上的国产大型发电机用蒸气涡轮机，陆地用涡轮机事业以此为契机迅猛发展。那时，秩父水泥厂的负责人对采购国产涡轮机犹豫不决，土光说服道："石川岛对自己的技术十分有信心。如果没有用过，就请不要说国产没有进口的好。为了鼓励国产技术也好，为了日本的未来也罢，纯国产化的道路都必须坚定走下去。希望您可以使用我们石川岛的涡轮机。"[6]

关于那次谈判的细节，土光说：

同席的（秩父水泥厂——引用者注）某个干事带着戏谑的

口吻问道:"你们这么自信满满、自卖自夸,万一我们发现了产品有缺陷,可以退货吗?"我当即回答:"嗯,好啊。如果有缺陷当然可以退货。"就这样,这次谈判取得了成功。

但这件事在石川岛的公司内部引起了极大的争议。区区一个年轻的主任工程师,怎敢答应这破天荒的约定。万一真的有缺陷,公司就会蒙受莫大的损失,最好还是把这次订购取消吧。虽然议论纷纷,但是大家最后还是决定"那就先让土光试试看吧"。

自那之后的几个月,我每天都披星戴月,很晚才能回家。有时甚至就住在工地上,让他们修改细节直到我满意为止。[7]

土光亲手设计的涡轮机从石川岛造船所搬进秩父水泥厂,顺利地运转了起来。这台大型涡轮机的最大输出功率是7500千瓦,经济功率是6000千瓦。因为成功设计安装了第一台真正意义上的国产大型涡轮机,"土光涡轮机"这个名字被业内人士所熟知。这之后的东京石川岛造船所,陆续接到了许多大型涡轮机的订单。土光为秩父水泥厂大型涡轮机的开发呕心沥血,终于在1929年拿到了第一个专利"推力轴承的改良"(专利号83082)。自那以后,土光陆续取得了多项专利,如1932年的"蒸汽涡轮机中的疏水排除装置"和"弹性流体涡轮机的速度调整装置",1934年的"蒸汽涡轮机紧急调速装置的改良"等。

### 昭和恐慌下的东京石川岛造船所

虽然东京石川岛造船所的陆地用涡轮机事业取得飞跃进展,开始了"由大海向陆地"的转变,但是在昭和恐慌时期公司还是蒙受了巨大的损失。1929年(昭和四年)10月纽约股价暴跌,由此引发世界范围的经济危机,昭和恐慌就是指波及日本的经济危机。此外由于一些自身的问题,日本开始进入第二次世界大战以前最为严重的经济倒退局面。《石川岛播磨重工业社史沿革·资料编》中,对于昭和恐慌时代的情况是如下回忆的:"经济危机时期,石川岛造船所依旧把重点放在工业机器,继续开发和生产先驱性产品。虽然大家都拼命努力,但是销售额停滞不前,利润减半,借款利息也不断攀升。昭和四年(1929年)公司停止了支付红利,昭和五年公司亏损,昭和六年不得不裁减550名员工……深陷苦战。"[8]

就像文中说到的那样,因为昭和恐慌,东京石川岛造船所不得不在1931年裁减550名员工。

这是土光敏夫一生无法释怀之事。当时他在公司里的地位无法阻止这次裁员,便在心里暗自发誓,绝不会让同样的事情发生第二次。第二次世界大战后,他作为石川岛重工业和东芝的社长,在重建衰落的公司时,就贯彻了"坚决不辞退一个人"的方针。昭和恐慌时期的痛苦体验,使他坚定了"保证雇佣是企业的社会责任"的信念。

**从萧条中突围和石川岛芝浦涡轮机的设立**

1932年（昭和七年）日本政府颁布了"改善推动船舶业措施"，以此为契机，在昭和恐慌中苦苦挣扎的日本造船业开始从萧条中突出重围。1932年也是日本经济整体开始走出昭和恐慌的一年。

土光敏夫所属的东京石川岛造船所的涡轮机部门，首先成功脱离大萧条。《石川岛播磨重工业社史沿革·资料编》中记载："造船部门恢复得稍微有些缓慢，与此相对，东京石川岛造船所的机械部门比较早地走出大萧条。九一八事变发生后，军需民需一起恢复，特别是陆船用涡轮机、起重机等领域的订单也开始变多。在这样的良好局势下，从昭和六年到昭和八年，造船所实现4次增资，资本从仅有的300万日元增长到3200万日元，接近之前的11倍之多。此外，昭和九年恢复分红。"[9] 机械部门，包括涡轮机部门，为全公司的经营重建贡献了极大的力量。但是为了涡轮机事业取得更大的突破，东京石川岛造船所和芝浦制作所共同出资，设立了石川岛芝浦涡轮机厂。其详细情况，《石川岛播磨重工业社史沿革·资料编》说明如下：

昭和四年，东京石川岛造船所和芝浦制作所开始合作制造发电用涡轮机。昭和七年，合作为尼崎发电所（关西共同火力发电㈱尼崎第一发电所——引用者注）生产53000千瓦涡轮机1号机，这是当时远东地区最大的涡轮机，性能备受好评。为了能强化这个领域的工作，昭和八年，东京石川岛造船所借用芝浦制作所鹤见工厂的一部分，设立鹤见分工厂，制造陆地用涡轮机。工厂建成后马上开始制造尼崎发电所的涡轮机2号机（负载量相同）。

东京石川岛造船所的涡轮机技术是从瑞士 Escher Wyss 公司引进的，而芝浦制作所的涡轮机技术是从美国通用电气公司引进的。石川岛造船所计划通过双方技术的结合，制造出更为优越的发电用涡轮机，就询问芝浦制作所有无意向合作，此时芝浦制作所也对大型机械领域抱有极大的兴趣，双方一拍即合，在昭和十一年（1936年）6月9日，共同出资300万日元设立了石川岛芝浦涡轮机厂，以应对日益增长的发电用涡轮机的需求。该厂接收了石川岛造船所鹤见分工厂约54000千瓦的制造量，在芝浦制作所鹤见工厂的一角新建了工厂，并从东京石川岛造船所引进以土光敏夫部长为首的技术团队，开始了各项技术的研发工作。[10]

土光这时从东京石川岛造船所调进了石川岛芝浦涡轮机株式会社。

## 走向石川岛芝浦涡轮机厂

1936年（昭和十一年），在日本经济走出昭和恐慌后不久，土光敏夫进入刚刚成立的石川岛芝浦涡轮机厂。石川岛芝浦涡轮机厂是石川岛造船所和芝浦制作所共同出资建设的公司，是两家公司的涡轮机部门分别独立出来再结合的产物。

但是，土光当时并不赞同石川岛芝浦涡轮机的设立构想，他认为：

我开始是反对成立这个新公司的。因为芝浦制作所与通用电气公司有合作关系，如果合并，石川岛就不得不放弃好不容易走上的纯国产路线。而且石川岛与一路合作过来的Escher Wyss公司之间的关系一定会变得很别扭。但是，公司不可能听从一个区区主任工程师的反对之声，所以还是成立了新公司。[11]

不过，在石川岛芝浦涡轮机厂，"土光涡轮机"依旧延续着他的神话。土光回忆起在石川岛芝浦涡轮机厂的岁月：

我刚调进新公司不久，就和上松厂长等人一起被派遣到美国通用电气总部参观学习。我们和那里的技术人员畅所欲言、交换意见，受益匪浅。我在第二年的2月回国，之后又过了5个月，我就被任命为董事长。那一年我41岁。

无论是技术部长还是干事，我的任务不曾改变。为了制作出哪怕只比以前好一点点的涡轮机，我和大家一起讨论，一起在工地一线工作。为了装配和维修，我们跑遍了全国各地。有句话叫忙得椅子都暖不热，我们当时真的是这样，饭前饭后的谈话都是涡轮机……涡轮机，那真是我做技术人员最忙碌的一段时间了。[12]

土光"作为技术人员最忙碌"的那段时间，是1941年12月，这一年，日本发动了太平洋战争，不久石川岛芝浦涡轮机厂就被指定为军需专门供给公司。该公司还于1942年在长野县松本市建设了大规模工厂，用于制造飞机用排气涡轮机、增压器等。

石川岛芝浦涡轮机厂除了在长野县建设新的工厂，又马不停蹄地相继建设了辰野工厂、木曾工厂、伊那工厂。但曾经的主力工厂——位于神奈川县的鹤见工厂，却因为工作人员不够熟练及战争灾害等缘故，不得不缩小生产规模。

**喷气式发动机的开发**

在太平洋战争时期，石川岛芝浦涡轮机厂成功开发了喷气式发动机。《石川岛播磨重工业社史沿革·资料编》中记载："与芝浦制作所共同出资组建的石川岛芝浦涡轮机厂在战争中极为繁忙。该公司于昭和十七年（1942年）在松本，昭和十八年在辰野、木曾，昭和十九年在伊那分别建设了新的工厂，用于制造飞机用排气涡轮机增压器、各种涡轮机翼、夹具等。

昭和十七年，公司在陆军的支援下开始着手研究涡轮螺旋桨发动机，昭和十九年参加了在海军航空技术厂开设的喷气式发动机 TR10 的设计竞赛。后来，公司还和中岛飞机、日立制作所、三菱重工一起参加了海陆军共同发起的喷气式发动机试验产品的开发，更是在研究中提出将涡轮螺旋桨替换为涡轮喷气，使方案顺利通过。除此之外公司为了研发喷气发动机，还经历了许多非同寻常的艰辛。[13]

石川岛芝浦涡轮机厂先是在 1942 年（昭和十七年），开始和陆军一起研究螺旋桨涡轮组合喷气机（涡轮螺旋桨喷气机），接着，又和海军合作研发"NE-20 型"喷气式发动机。1944 年，二次大战期间，一艘德国潜水舰携一张示意图费尽周折抵达日本，这张图就是"NE-20 型"的雏形。"NE-20 型"喷气式发动机被搭载在特别战斗攻击机"橘花"上。"橘花"在战争结束之前的 8 天，即 1945 年 8 月 7 日，试飞成功。

### 橘学苑的诞生

当土光敏夫在石川岛芝浦涡轮机忙得不可开交的时候，母亲登美做了一件令周围人都惊讶不已的大事。

1942 年（昭和十七年）4 月，登美在横滨市鹤见区北寺尾创建了四年制学校"橘女学校"。橘女学校在1945年改称为橘学苑，第二次世界大战后成为"学校法人橘学苑"，拥有幼儿园、初中和高中，并延续至今。

1940年丈夫菊次郎去世，登美重拾往昔的梦想，开始为创建一所女子学校奔走，在登美心中有这样一个信念：为了救国图存，必须培育出杰出的女性。她不顾周围人的反对，更不顾自己70岁的高龄，从资金的筹措，到土地的选取、教员的召集，身体力行，各个击破，终于成功建校。

一位把土地借贷给橘女学校的地主为我们讲述了那段有趣的历史。

有一天，忽然有一位70岁的老人跑过来，要我帮她在这里建一所学校。起初我怀疑她是不是精神不正常，但她的热情使我逐渐相信了她。不过，谈成后，她对佃农开出的补偿金十分大方，我又开始怀疑她是不是别有用心的骗子。后来她又开始和我们地主就租金问题砍价，说起来也奇怪，经过砍价后，我们反而觉得这个事情是真的，安下心来。[14]

这件逸事真切地为我们展现了登美的满腔热情。土光敏夫自己也在母亲十七周年忌日的追悼集《橘之香》中记载道：

具体是哪一年我记不太清了，大概是昭和十二年或者十三年（1937年、1938年）母亲在东京住的日子愈来愈多，就是这个时候决心要创建一所女子学校。她对当时没有信仰的女子教育颇为不满，经常挂在嘴边念叨，可能因为这样她渐渐有了自己创办女子学校的想法。母亲跑来向我寻求帮助，可当时我正没日没夜忙于自己的工作，一来没有时间，二来没有精力，所以我当时十分反对。

可能母亲觉得寻求我的帮助也没用，所以最后决定自己动手做这件事。她每天马不停蹄地奔波，最后终于在狮子谷之丘找到了适合建造学校的场地。我一边担心母亲，一边觉得不可思议。那个时候她已经年逾七十，但女子学校的创办却逐渐进入正轨。（此处有删减）

母亲为了创立橘学苑付出了非凡的努力和辛劳，并且为橘学苑的经营倾注了自己全部的精力，甚至牺牲了自己的生命。但是，她丝毫不在意种种困难，一手创办橘学苑，不顾自己的身体毅然决然投身于女子教育的事业中。这是坚强的母亲用一生结出的丰硕果实。我的母亲真的是一个很有信念的人。[15]

土光登美在创立橘女子学校的3年后，于1945年4月去世。土光敏夫从母亲那里接管了橘女学校的经营，成为该校的校长和理事长。

**注释：**

1 石川岛播磨重工业株式会社（1992年），《石川岛播磨重工业社史沿革·资料编》（同公司）第22页。
2 同上书，第26页。
3 同上书，第27页。
4 石川岛播磨重工业株式会社（1992年），《石川岛播磨重工业社史沿革·资料编》（同公司）第229页。
5 土光敏夫（1983年），《我的履历书》（日本经济新闻社）第93~94页。
6 堀江义人（1999年），《拥有信念的人土光敏夫——想象的原点》（三心堂出版社）第99页。
7 上述《我的履历书》第100~101页。
8 上述《石川岛播磨重工业社史沿革·资料编》第30页。
9 同上书，第34页。
10 同上书，第34~35页。
11 上述《我的履历书》第104~105页。
12 同上书，第106~107页。
13 上述《石川岛播磨重工业社史沿革·资料编》第41页。
14 上述《我的履历书》第52~53页
15 橘学苑（1961年），《橘之香——追忆土光登美老师》（同学苑私家版）第107~108页。

# Ⅲ 重建石川岛重工业

## 重建石川岛芝浦涡轮机厂

1945年（昭和二十年）8月15日，第二次世界大战以日本战败收场，土光敏夫在石川岛芝浦涡轮机厂迎来了这一天。战后公司一批高管受到政策影响被开除，于是土光敏夫在第二年也就是1946年4月就任社长。石川岛芝浦涡轮机除了横滨和鹤见的总厂外，还在长野县的松本、辰野、木曾、伊那拥有4个工厂。土光社长精力充沛，频繁来往于这些工厂之间，积极推动从军需生产向民用生产的转型工作，致力于公司的重建。他回忆当时的情形时说："我们开始生产一批锅、釜类的产品，先尽量确保员工们能维持正常生活，之后为了公司能够步入正轨，我在鹤见和松本之间来回奔波。那时候乘坐的大多是夜间火车，虽然火车里拥挤不堪，十分混乱，但有好几次我站着站着就不知不觉睡着了。"[1]

"不能饿死一个员工和他的家人"[2]，这个强大的意念支撑着石川岛芝浦涡轮机厂的社长土光敏夫，为了能够重建公司，必须拥有充足的资金，所以他决心与银行耗到底，希望银行能够为公司提供资金。 正是因为有了土光社长身体力行的努力，石川岛芝浦涡轮机厂比母公司石川岛重工业更早脱离了战后的困境。

### 出任石川岛重工业的社长

石川岛芝浦涡轮机厂的母公司东京石川岛造船所，在1945年（昭和二十年）6月第二次世界大战结束前，更名为石川岛重工业株式会社。当时，重机械工业部门已经发展得十分成熟，如果还带着"造船所"的名字，就无法展示公司的实际业务领域。石川岛重工业没能成功摆脱战后的困境，在1950年时就已经负担了15000万日元的赤字。这时，土光敏夫成功重建子公司石川岛芝浦涡轮机厂的事迹使他声名远扬，把他调回母公司石川岛重工业的呼声逐渐高涨。于是土光辞去石川岛芝浦涡轮机社长一职，于1950年6月就任石川岛重工业的社长。这一年正好是土光敏夫进入石川岛造船所的第30年，调入石川岛芝浦涡轮机厂的第14年。

根据土光的记述，他就任石川岛重工业社长的经过是这样的：

那是昭和二十五年（1950年）的初夏，石川岛重工业的前任社长笠原逸二，突然来到石川岛芝浦涡轮机厂的总部，召集干部们开大会。

"土光君，你能出去一下吗？"我莫名其妙地被笠原社长从干部大会上赶出来，默默地在别的房间等了几十分钟，笠原这才出来对我说，"你现在要跟我去石川岛的总部工作，刚才已经和干事们说过了。"

那时，石川岛重工业已经有超过一亿日元的赤字，面临着严重的经营危机。有传闻说公司要选一个合适的人当社长，并且更换所有的领导团队，而我就是候选人之一。其实当时听到这个消息，石川岛芝浦涡轮机厂的所有人一致决定"绝对不会交出土光"。但是笠原当面去说服，干事们一下子就被攻破了，同意了这个决定。而我自己的意愿好像完全不重要，也不能说半个不愿意，就像是被强行扭送到了总部社长的位子上。[3]

土光虽是这样抱怨的，但还是带着十足的干劲儿就任石川岛重工业的社长。他记录了自己就任初期提拔干事的方法。

就任社长的时候，全体干事都递交了辞呈。在重新任命干事的时候，我只把田口连三、西崎镇夫、志贺晃三位留了下来。但是田口君他们却坚决请辞，因为他们认为全体干事必须一起承担责任，只有他们留下会显得很奇怪。于是我为他们提出一个方案，他们也同样说出了他们的条件，我们最终达成了一致。只有社长可以掌握最高代表权，收回社长以下干事的全部权力（田口、西崎、志贺三位是前任常务）。节省经费从干事做起，要从部长职位中选出前五人，这五个人月薪的平均值就是干事的工资。除此之外还要减少干事的数量。[4]

这个任命干事的方法十分大胆，但却非常有效。从这个方法中，我们可以看出土光敏夫的决心和干劲儿。

### 第二次世界大战之后的石川岛重工业

在这一节，我们将重新回顾石川岛重工业的经营状况，它在战争结束后面临着一项重大考验，1948年（昭和二十三年）6月收到政府"过度经济力集中排除法"的命令，被要求拆分成三个工厂。对此，石川岛重工业主张这三个工厂在地理、技术、经济上都是不可拆分的一体，在同年11月成功使政府收回了命令。

其造船部门在1948年建成了一艘第二次世界大战战时标准船。另外根据第1次到第3次造船计划，在1947~1949年又建造了三艘新船。1950年，公司接收了巴西石油工团的订单，建造了三艘2000吨级的油船，再次开启了船舶的出口业务。但是，促使石川岛重工业第二次世界大战后复兴的并不是造船部门，而是机械部门。石川岛重工业于1946年4月被指定为重点化肥机械制造厂，生产气体循环机、压缩机、涡轮鼓风机和泵等机械。在钢结构领域，公司也陆续收到与水电开发相关的闸门类安装的订单。此外，由于造船计划开始正式实施，涡轮机和锅炉的生产也呈增长态势，仅在1945—1949年，就生产了27艘900~4800马力的船舶用涡轮机。《石川岛播磨重工业社史沿革·资料编》记载："通过在重点产业的机械部门的一系列生产，石川岛重工业在机械工业领域立即占据了主导地位。公司在昭和二十二年（1947年）年度持有未发货订单52300万日元，昭和二十三年度已经上升为14余亿日元，昭和二十四年度更是稳步增长到246900万日元，此外利润率也逐步上升，昭和二十四年下半年的利润达到了3035万日元。"[5]

但是好景不长，进入1950年后形势发生了天翻地覆的变化。《石川岛播磨重工业社史沿革·资料编》记载：

昭和二十五年（1950年）公司决定恢复远洋海运，于是把2A型第二次世界大战战时标准船改造为双底船，可是这一系列工程导致了大幅赤字，公司不得不撤销储备基金，股票分红也重新归零。

为了应对这次危机，公司决定撤换高层领导。昭和二十五年6月，石川岛芝浦涡轮机的土光敏夫社长被任命为石川岛重工业的新社长。[6]

这就是土光就任石川岛重工业社长的原委。

## 重建石川岛重工业

出任石川岛重工业社长之后,土光敏夫做的第一件事就是通知工会:"我不会解雇任何一个员工"[7]。昭和恐慌时的痛苦体验使他坚信,确保雇佣关系是企业的社会责任,这个信念促使土光实施了上述行动。志村嘉一郎的《土光敏夫留给21世纪的遗产》一书介绍了土光是如何与当时经常罢工的石川岛重工业工会交涉的:

如果你们不工作,这个公司就无法维持下去。总而言之,让我们一起开始工作吧。

我刚说完"让我们一起开始工作吧",工会就回答说:"如果不答应我们提出的改善工资和劳动条件的要求,我们是不会工作的。""如果不工作就挣不到钱啊。"我回答,因为不会改变自己的想法,我就一直绕圈子。这样几轮下来,工会的人说:"社长的话已经绕山手线一圈了,今天就先这样吧。"于是大笑着散开了。后来工会成员也逐渐明白,董事们虽然手里拿着钱,但他们并不是把钱独吞了。

当时,我们每天都会进行大量的争论。不过这样做让我们逐渐明白，只要双方都没有恶意，劳动者和管理层就能达成共识。那之后，不管是合并石川岛重工业和播磨造船所，还是重建东芝，我都会和工会的诸位一起讨论，我的这个信念从来没有动摇过。

如果我们开诚布公，财务透明，将公司的业绩给大家看，工会和员工们也会明白，要想让自己的工资上涨，公司就必须赚钱。[8]

回顾过往，在重建石川岛重工业的工作中，土光社长最重视的就是和员工分享信息。

就任社长之后的第一个正月（1951年，昭和二十六年），土光站在公司大门口，亲自为员工们分发由自己指导发行的内部报《石川岛》第1期。这份报纸上刊载了土光社长的《年初问候》，明确提出了以下几点：

①确立各工厂分别核算制。1950年，公司变更了组织和生产管理方式，提高了生产效率。通过这一努力，各个工厂利用自己的优秀技术和经验，达到强有力运营管理的目的。

②确立健全的经营制度。虽然公司一直都在努力提高效率，节省成本，但还需要在材料管理、降低产品重量等各方面减少支出，让公司的整体财务更加合理、健全。

③规划订单，统一产品型号。有计划地接收订单，严格遵

守预算。

④活用组织,提高办公效率。科学地进行办公管理,提高效率,避免一切无用功。

⑤弘扬企业文化与纪律。对外提高自身信用,有自主精神,才能够应对更大的变化。

事实上,土光就任石川岛重工业社长是在1950年6月24日,但在25日就爆发了朝鲜战争。在大萧条中喘息的日本经济,因为朝鲜战争带来的特需热潮而起死回生,1950年上半年只有69800万日元销售额的石川岛重工业,到了1950年下半年销售额就激增到153000万日元;1951年上半年197300万日元,下半年达256400万日元;1952年上半年262600万日元,下半年达301900万日元。

当时石川岛重工业公司内部因特需热潮而氛围高涨,似乎忘记了要为经营重建而努力,1951年的内部报第1期上刊登的土光社长的《年初问候》,实际上也是为了打破这种散漫的氛围。他向全体职员发出警告,沉醉于客观环境的变化,而忽视了主要的任务,不提高经营效率,是万万不行的。

就这样,土光社长把自己的管理慢慢渗透进石川岛重工业中,工会的态度也不再那么强硬,能够和土光一起为经营重建奋斗。于是,土光社长在没有裁员的情况下,成功地重建了石川岛重工业。

### 造船丑闻

1953年（昭和二十八年）7月，朝鲜战争结束后，因特需热潮而沸腾的造船业又陷入了萧条。政府为了应对造船业的萧条，实行了大规模的利息补贴政策，然而其中有一部分回扣流向了政界，发生了所谓的"造船丑闻"事件。

这次造船丑闻事件，共逮捕政界和财界105人。然而，当时吉田茂内阁的犬养健法务大臣却下令阻止逮捕自由党的佐藤荣作干事长，这一行为引起了巨大的社会舆论。犬养健自己回顾道："这之后，我永远都不能再站上这个社会的舞台了。"[9]

1954年，有关造船丑闻的一系列搜查迅速展开。渡边文幸的《发动指挥权——造船丑闻和战后检察的确立》是这样整理的：

1954年1月7日，特别搜查部开始对两家公司强制搜查，以违反商法（特别渎职）的嫌疑逮捕了山下汽船的专务吉田二郎、监察人菅朝太郎和日本海运社长盐次铁雄。他们涉嫌从造船公司收受回扣。明知道无法收回本金，还是把钱借给猪股（日本特殊产业社长猪股功——引用者注），损害了公司的利益。

15日，山下汽船的社长横田爱三郎因为同样的嫌疑被逮捕，

第二天船主协会也遭到搜查，事件的影响持续发酵。（此处有删减）

1月25日，运输省官房长壶井玄刚作为第一个受贿嫌疑人被捕。他被怀疑在造船计划中，贪图钱财，收取山下汽船的贿赂。特别搜查部在2月8日搜查了山下汽船的客户日立造船、浦贺船渠，为了调查壶井官房长的受贿问题还搜查了名村造船。25日，对饭野海运、东西汽船、日本油槽船等8家海运公司一起进行了搜查（第二次），以特别渎职的罪名逮捕了饭野海运的副社长三益一太郎等7人。

接着3月11日，因涉嫌参与日立造船、浦贺船渠的约1400万日元回扣事件，饭野海运社长俣野健辅以特别渎职罪被捕。另外，对播磨造船、川崎重工也进行了搜查（第三次）。同月17日，照国海运、三菱海运、日东商船三家公司被搜查（第四次）。[10]

虽然石川岛重工业并没有出现在上述事件中，但是也被检察当局围绕造船丑闻的调查波及，虽然与丑闻没有任何关系，土光敏夫却被牵连其中，被拘留20天。有关这件事，土光是这样回忆的：

我曾经因为是造船公司的社长被逮捕，度过了20天的拘留生活。那天早上6点多，我像往常一样在自己家门前的公交车站等车，这时东京地检的检察官走过来对我说："请您现在回家。"他们在我家里搜查了大概2个小时，然后命令我自行出庭。我记得当时东京地检的主任检察官是河井信太郎，负责我的是寺岛检察官。

后来负责我的检察官看到我家的破房子和我赶电车上下班的样子，好像还对记者团说："直觉告诉我，这个人应该没有参与。"但是，在20天的牢狱生活中我又领会到了一个人生真谛。"人生处处有预想不到的陷阱。必须要公私分明，洁身自好，光明磊落地活着。"[11]

滨岛典彦在《清贫的人——土光敏夫》一书中，记载了土光敏夫在监狱中的生活。

这短短3周的拘留所生活，对于平常工作繁忙的土光来说其实是一次很好的休假，他终于能够悠闲地度过一段时光了。

虽然每天都有审讯，但是用于读书等活动的时间还是很充足。在家的时候，土光每天早晚都会念经，而在这里他也是一样每天早晨端坐合十，唱题（唱诵经名《南无妙法莲华经》）的声音回荡在拘留所中。连拘留所的看守都被他虔诚的态度感动，不知不觉把土光尊称为"土光老师"，坚信"这个人没有犯错"。[12]

结果他确实与"造船丑闻"没有任何关系，最后被无罪释放。

土光在横滨鹤见的住宅朴素程度和不使用公司专车而搭乘电车上下班的事迹，让负责的检察官对土光"清正廉洁"的作风深感钦佩。但是，土光仍从这次不幸的经历中找到教训，更加坚定自己"清正廉洁"的作风。

### 石川岛重工业的发展

土光敏夫就任社长之后，因为朝鲜战争带来的特需影响，石川岛重工业的业绩急速回升。关于造船部门的动向，《石川岛播磨重工业社史沿革·资料编》记载如下：

> 石川岛重工业在朝鲜战争前期，收到了6艘1万吨级、2艘8000吨级的订单，（此处有删减）收到了大量的订单。[13]

> 另外，舰艇的制造经过第二次世界大战后8年的空白期，昭和二十八年（1953年），石川岛重工业被选定为制造保安厅警备舰的5家公司之一，昭和二十九年防卫厅成立后，东京第二工厂也一直负责为其进行舰艇的制造。[14]

接下来，有关机械部门的动向，该书记载如下：

> 石川岛重工业在土光社长的领导下，于昭和二十六年（1951年）创立了技术研究所。首先，研究所积极地从各国导入先进技术，一边学习吸收一边努力缩小技术差距。其中涉及的领域有钢

机、高温高压锅炉、施工机、空压机技术等。川崎制铁在千叶县建造大规模综合制铁工厂时,石川岛重工业在昭和二十七年负责其700吨/日的1号高炉的铁皮熔接工程;昭和三十二年负责其1000吨/日的2号高炉;此外昭和三十四年,还建造完工了八幡制铁(户佃)的1500吨/日的1号高炉。轧钢部门在昭和二十六年向川崎制铁(西宫)交付了三台热轧机,在昭和二十八年向日本钢管(京滨)交付了大型的开坯机(6吨锭用,年间轧钢能力72万吨,电动大钢坯剪切机是1500吨)。在氧气炼钢设施方面,昭和二十六年制造了川崎制铁(葺合)的2000m$^3$/h的氧气生产设备,该设备配备了2000马力的涡轮压缩机和75千瓦的膨胀涡轮机,是日本最早的大容量炼钢设备。[15]

朝鲜战争结束后的石川岛重工业,通过舰艇和钢铁行业的重机械订单,重新走上发展的道路。

## 源于技术革新的成长

无论是造船业从朝鲜战争的特需热潮中跌入萧条局面时,还是因为造船丑闻而满城风雨的动荡期,土光敏夫带领石川岛重工业进行的经营改革丝毫没有受到影响。公司经营之所以不断成长,有两件事起到了至关重要的作用,那就是技术开发和引进技术。土光说道:

在一系列的跃进之后，石川岛坚持不懈的努力体现在两个方面，第一是技术开发，第二是从国外引进技术。

首先是昭和二十六年（1951年），我们与Etona日本在炼钢机械方面进行技术合作；昭和二十七年，又与美国的福斯特威尔公司在陆海两用锅炉方面合作，并开拓了高温高压锅炉的制造业务；另外还和美国的Koehring公司商谈合并事项，导入施工机械技术，设立"石川岛Koehring"公司；此外还从美国的Joy公司引进了气动机的技术。

昭和三十一年，我们还引进了通用电气和飞机用燃气轮机，接着是船用涡轮机、陆地涡轮辅机。那个时候我们陆续引进了大约80多项技术。我为了签署这些合作合同，数次往返于欧美之间。之所以这么积极主动地引进技术，主要目的还是为了能够消除第二次世界大战后与这些国家的技术差距。日本有优秀的技术团队，我们才能引进这些技术。只有信赖他们的技术水平，引进技术才成为可能。[16]

如上所言，土光绝不仅仅是引进技术，他是要让引进的技术和自己公司的技术开发相结合，实现技术革新。年轻时的土光在Escher Wyss公司学习，后来成功研制了国产大型涡轮机，他应该是想重现这段经验吧。

将技术革新作为引擎，石川岛重工业搭上了成长的列车。

## ISHIBURASU 进军巴西

在土光敏夫的领导下，石川岛重工业开始了经营重建，搭上了成长的列车。公司进军巴西市场就是最好的证明。

1958年（昭和三十三年）1月，土光社长与巴西政府签订了协议，同年年末，石川岛巴西造船所（通称ISHIBURASU）诞生。石川岛重工业来往的主要银行——第一银行的领导十分反对石川岛重工业进军巴西，然而土光认为，日本的造船业想要继续成长，只能进军海外，所以做出决断设立ISHIBURASU。关于这之中的原委，土光说明如下：

当时，巴西被称作世界的名店街，超过1000家世界大企业进军巴西，还有连总公司都转移到巴西的，但是这些企业中却没有一家造船公司。这是为什么呢？我仔细研究调查了巴西，政治、经济、气候、风土人情等相关的调查用书累计有十几本，连巴西的六法全书也全都翻译了。

昭和三十二年（1957年）秋，正在土光研究是否要在巴西建一所造船厂时，有消息说，巴西政府愿意为有意愿建造船厂的企业提供位于里约热内卢港口内的40万平方米的填海土地。这个规模大约是位于东京丰州的石川岛第二工厂的2~3倍。此外，巴西政府还制定了《商船基金法》。这部法律的内容主要是：向进入巴西国内的外国船只收取入港税，利用税款给本国的船主和造船厂提供低息贷款,这部法律意欲振兴巴西的造船业和海军。巴西政府把法律都制定好了,如同在对土光招手说:快来建厂吧。

到这一步,可以说已经没有任何理由再犹豫了。但是国内有很多人认为,巴西政局不稳,还有其他诸多问题,进军巴西风险太大。面对反对之声,我直言"出了问题,所有的责任由我来担"。终于在昭和三十三年1月8日,和巴西政府签署了协议书。[17]

土光为了进军巴西,进行了周密的准备。在那个交通极

视察石川岛巴西造船所的建设现场(1960年5月／照片提供:IHI)

其不便的年代，土光访问巴西的次数竟多达十几次。为了感谢土光在第二次世界大战后很快进军巴西市场，巴西政府于1960年授予土光南十字星大勋章。这也是日本人第一次被授予此勋章。

《石川岛播磨重工业社史沿革·资料编》也记载道："ISHIBURASU 的建立是日本造船业向海外进军的先驱。在当时，ISHIBURASU 作为民间企业，能够有如此大的勇气作出大规模向海外进军的决定，可以说是赌上了公司的命运，是一个划时代的伟大创举。昭和三十四年（1959年）10月8日，东京工厂举行了第一批87名派遣巴西人员的欢送会，当时现场有一种后会无期的氛围。"[18] 这段话趣味横生，生动地向我们展示了当时的情形。

**石川岛播磨重工业（IHI）的诞生**

1960年（昭和三十五年）12月石川岛重工业和播磨造船所合并，改名为石川岛播磨重工业重新起航。

陆地部门强大而造船部门弱小的石川岛重工业，和与之相反的播磨造船所合并，双方得以取长补短，取得了巨大的成功。

接下来的记述可能略显冗长。《石川岛播磨重工业社史沿革·资料编》一书中记载了两家公司合并的原委：

造船业重工业化的力量，或者说是多元化的、巨大的、翻天覆地的力量，演绎了这部造船业史上的大戏。昭和三十四年（1959年）夏，石川岛重工业的土光敏夫社长和播磨造船所的六冈周三社长进行了会面，商讨了有关两家公司经营状况的问题。半年之后，两位社长再次会见，探讨如何进行有效的合作以解决两家公司所面临的问题。土光社长试探着询问对方对合并的意向，六冈社长立即做出了肯定的回复。至此，石川岛播磨重工业即将破壳而出。石川岛重工业和播磨造船所之间的关系一直十分友好，前者首次为后者的新船提供蒸汽涡轮机还要追溯到昭和九年。自那之后，除了船用锅炉、涡轮机，石川岛重工业还屡次为之提供造船用的设备、机械等。再之后，播磨造船所也开始制造船用发动机，但是为了不与石川岛重工业的涡轮机形成直接竞争，播磨造船所专门生产柴油发动机，还为石川岛重工业提供自家生产的柴油发动机。除此之外，两家公司的工厂位置相距很远，直接竞争的机会很少，而且都不是由财阀系统扶持，而是独立自主发展起来的，所以对彼此都有亲近感。更进一步讲，两位社长通过讨论公司的长处和短处，发现两家的位置条件等有很多可以互补的地方，合并对大家都有很大的益处，这是他们的共识。（此处有删减）

　　昭和三十五年春，两家公司分派5人组建了合并准备委员

会,这件事对公司内外都是极度保密的,所以开展工作也十分小心谨慎。该委员会主要工作为以下几点:

①准确把握两公司的资产、负债、盈亏等经营状况。

②合并比率和合并方法。

③合并契约和日程。

④决定新公司的名称。

最终,合并比率为石川岛重工业3股股票(面额50日元)对播磨造船所5股股票(面额50日元),按照播磨造船所解散的手续办理,而员工们可以继续算工龄,合并日期为昭和三十五年12月1日,新公司名称确定为石川岛播磨重工业会社。

昭和三十五年6月24日,两家公司同时召开董事会,正式决定合并,于7月1日对公司内外公布。在这之后,为了在合并日期前完成组织、人事、生产和其他各类工作的调整,总公司的大部分部门被设置在东京都千代田的新打手町大厦的石川岛重工业总公司,两家公司在同一个办公场所里继续各自的业务,逐渐合二为一。

这是第二次世界大战后最大的企业合并案例,媒体纷纷进行大幅报道。两家大型企业从来没有资本关系和业务合作,却能够通过企业主要人员的判断圆满地完成合并,这在日本的产业史上十分罕见。另外,这次合并非常富有近代性,获得了经

石川岛重工业和播磨造船所的合并签署仪式。右为土光敏夫，左为六冈周三（1960年7月／照片提供：IHI）

济界乃至社会各界的普遍好感。当时，围绕《日美安全保障条约》而人心惶惶的"政治季节"刚刚结束，日本经济正在朝着光明的方向振翅高飞。[19]

石川岛重工业的土光敏夫社长与播磨造船所的六冈周三社长一起召开了公司合并的记者发布会，会上土光社长简洁明了地说："这是陆地与海洋的合并。我们能够相互补充彼此有缺憾的地方，所以并不是一加一等于二，而是一加一等于三，或等于四的核聚变，能产生强大的能量。"[20]

按照土光的话来讲，石川岛重工业和播磨造船所的合并是历史发展必然的产物。

当时两家公司的规模大概如下：石川岛有52亿日元的资金，员工9000人，年生产力大约400亿日元；播磨造船所有40亿日元的资金，员工6000人，年生产力约200亿日元。

如此大规模的企业合并，竟然能够做到完全保密，并且在极短的时间内顺利完成，这项壮举使得以媒体为首的社会各界都深感震惊。但要我说，我们只需看到两家公司业务的形态和发展的经过，就知道这次合并是理所当然的。

首先，石川岛比起当时三菱和日立动辄8万吨、5万吨级的造船机器，石川岛的造船设备仅为3万吨级别。我在昭和二十年末曾经预言，能源将逐步从煤炭转换为石油，油轮的需求将会上升。所以我们当时就开始建造油轮，但对油轮的要求肯定也会渐渐上升到10万吨以上。

可是，石川岛位于隅田川的河口，从位置条件来说没有办法拥有可以制造大型油轮的设备，所以我们不得不去寻找更为合适的场所。而另一方面，播磨造船所虽然是排在第三位的造船厂商，但是在昭和三十三年（1958年）之后造船业陷入长期的萧条，直至昭和三十五年的两年间，未发货订单下降到之前的三分之二，销售额下降了二分之一。要知道，播磨造船所90%以上的业务都是造船，为了摆脱这个状态，他们只好决定进军陆地机械制造业务。

而石川岛的陆地业务部门的销售额占生产总额80%。也就是说，两家公司可以摸索着互相弥补彼此的不足。在此之前，石川岛和播磨就是相互提供涡轮发动机和柴油发动机的友好伙伴关系。[21]

被国民亲切地简称为IHI的石川岛播磨重工业，像土光说的那样，顺利地成长起来。公司合并后，土光就任IHI社长，六冈就任会长。

### 造船世界第一与真藤恒

IHI成立之后，土光敏夫费尽心思使两家公司的人和睦相处。经过苦思冥想，他导入了一套叫作"搅拌机人事"的特殊办法。土光回顾道：

虽说合并是命中注定的，但公司是由人组成的。两家公司的风气、工资体系和晋升制度等还是有些许不同的，人际关系就成了一个特殊问题。所以，我们两家公司各出9人，组成人事部门，从一开始就制造一种平等的氛围。然后，我们把公司分为"产业机械""发动机化工机""船舶""航空发动机""通用机"共5个部门，完全按照事业部制组织管理，两个公司的员工会被平等地分配到这5个事业部。这样，在新的职场上，无论是上级还是同事，都不知道彼此到底是从石川岛来的还是从播磨来的。

媒体把这种人事分配叫作"搅拌机人事"。而我自己在8月19日的日本经济新闻上的文章写道:"……大范围进行职员的分配与调动,也就是说要把所有人放进同一个容器,打开搅拌机搅匀了再分配……"可能这就是"搅拌机人事"这个名称的由来吧。

我很担心"人们能否和睦相处"的问题,不过后来发现这个问题解决起来比预想的容易得多。通过这样的人员分配,反而一扫组织里的死气沉沉,给新公司带来了新鲜的空气。石川岛播磨重工业终于开始马力全开地运转起来。[22]

IHI通过"搅拌机人事"实现了"人们和睦相处",所以公司在合并后马上开始了强有力的运转。

成立之初,IHI的船舶部门位列三菱造船之后的第二位;航空发动机部门是国内唯一的喷气式发动机专门生产厂家;产业机械部门是全国三强之一;发动机、化工机部门也都在全国前三位榜上有名。土光敏夫成为的IHI社长后,继续全力引导公司进行技术的引进与革新,期望公司事业取得进一步发展。

土光为了IHI的发展,"吹响了大进军的号角"[23],而成果也很快就显现出来。IHI成立后的第三年,也就是1963年(昭

原巴西大总统儒塞利诺·库比契克参观东京第一工厂（1961年9月／照片提供：IHI）

当时世界最大的15万吨油轮东京丸的签约仪式（1964年12月／照片提供：IHI）

和三十八年），英国的格拉斯哥先驱报报道说，1962年IHI第一工厂的造船厂在吃水量排名中位居第一，1963年和1964年也稳居世界榜首。另外，1963年，造船企业吃水量排行榜中，IHI也依靠总建造数20艘共459070吨的好成绩，占据了世界第一的宝座。

土光说，IHI之所以能够成为造船的世界第一，还要多亏一个重要的人物——真藤恒。

成为造船业的世界第一，最大的功臣就是真藤恒（后来的社长）。他毕业于九大工学部造船科，是一位拥有博士学位的技术人员。我很早就注意到了他。他在大学毕业后进入了播磨造船，第二次世界大战时期转入海军舰政本部。第二次世界大战后在广岛吴市的NBC吴造船所里十分活跃，声名远扬。昭和三十五年（1960年）与播磨合并的时候，我就请求六冈社长，务必把真藤君请回来。

确定公司合并的那天晚上，我给真藤恒发去电报："紧急，速速来京"。那个时候，他正好在家里接到了六冈社长发去催促他进京的电报。当时的他还不知道石川岛和播磨合并的事情，同时接到两封急促的电报，他大为吃惊，不知道到底发生了什么。后来真藤恒来到石川岛播磨，立刻当上常务、船舶事业部长，他如同我想象的一样在公司里大显身手。[24]

土光敏夫撰写的《日日新》一书中，有一篇真藤恒的文章——《被土光吸引的我》，这样记载当时的原委：

我第一次单独和土光社长见面还是昭和三十五年（1960年）的夏天。那时，石川岛重工业与播磨造船所决定合并，我被连夜从吴造船所叫回东京。以前也听别人说过，土光社长是一位非常富有人格魅力的人，的确，我对他的第一印象正如传说中的那样——他是一个"勇往直前"的人。

很多社长在物色新人的时候，都会带着一种给予恩惠的态度，说一些"我会重用你的""总有一天让你当上常务"之类的话。他们就是喜欢炫耀社长掌握的人事权，10个社长里往往有七八个都是这样。虽然我很抵触这样的说话方式，但我却从来没有被如此对待过，我自己也挺纳闷的……土光社长没有说一句炫耀人事权的话，他只是一味地跟我讲工作的话题。

"播磨因为造船的技术、经营能力、营业能力很弱小，所以现在经营十分困难。我的石川岛本来就是做机械的，造船能力很弱，这些你也是知道的。两个公司合并成一大家子以后，不能没有一位管理造船部门的人才。

"我会成为这家新公司的社长，也很想好好发展造船部门，但我并不是造船的专家。所以我想要请一位懂得造船的专家担此重任，却苦于没有合适的人选，可真是把我累坏了。"

讲完这番话后，土光社长就没有再多说什么了。当时，我是从播磨调往吴的，所以播磨的六冈周三社长全权负责我的人事关系，我完全没有说话的余地。

土光很明显是想对我说"我想让你来我们的新公司"，但是却没谈论一句关于我个人的事情。也许当时他是在想等到播磨那边接受我，然后再由六冈社长把我推荐过去。就是从这件事上，我被土光社长的人格魅力深深吸引。[25]

这是一场令人印象深刻的会见。从他们两人见面的那一个瞬间开始，IHI 开始真正坐上造船业的世界第一的宝座。

真藤恒于 1972 年 11 月就任 IHI 社长。

---

**注释：**

1 土光敏夫（1983年），《我的履历书》（日本经济新闻社）第109页。
2 松泽光雄（1992年），《土光敏夫的成长经历与真实面貌》（山手书房新社）第109页。
3 上述《我的履历书》第115~116页。
4 同上书，第117~118页。
5 石川岛播磨重工业株式会社（1992年），《石川岛播磨重工业社史沿革·资料编》（同公司）第45~46页。
6 同上书，第46页。

7 上述《土光敏夫的成长经历与真实面貌》第116页。

8 志村嘉一郎（1988年），《土光敏夫留给21世纪的遗产》（文艺春秋）第183~184页。

9 春秋文艺编（1988年）《从〈春秋文艺〉看昭和史第二卷》（文艺春秋）第297页。

10 渡边文幸（2005年），《发动指挥权——造船丑闻和战后检察的确立》（信山社）第13~14页。

11 上述《我的履历书》第130~131页。

12 滨岛典彦（2011年），《清贫的人——土光敏夫的信念与家人的羁绊》（大法轮阁）第45页。

13 上述《石川岛播磨重工业社史沿革·资料编》第49页。

14 同上。

15 同上书，第51页。

16 上述《我的履历书》第129页。

17 同上书，第134~135页。

18 上述《石川岛播磨重工业社史沿革·资料编》第57页。

19 同上书，第63~65页。

20 上述《土光敏夫的成长经历与真实面貌》第147页。

21 上述《我的履历书》第140~142页。

22 同上书，第144~145页。

23 同上书，第146页。

24 同上书，第149页。

25 真藤恒，《被土光吸引的我》；土光敏夫（1984），《日日新》（东洋经济新报社）第147~148页。

# Ⅳ 重建东芝

**出任东芝社长**

1964年（昭和三十九年）11月，土光敏夫将IHI社长的位置让给田口连三，自己就任该公司的会长。第二年，日本经济遭遇了"第二次世界大战后最大的萧条"。在这场大萧条下，能够代表日本的综合电机制造商——东京芝浦电气（东芝）也陷入经营危机，卷入一场艰苦的战役。

图2是东芝的组织关系变更图。石川岛芝浦涡轮机的前身之一——芝浦制作所，于1939年（昭和十四年）与东京电气合并，东芝就这样诞生了。

芝浦制作所的前身田中制造所，创立于1875年（明治八年）。创立者是田中久重，他曾经发明了机关人偶和万年自鸣钟等，被称为"机关仪右卫门"。田中制造所于1893年改称为芝浦制作所，1904年改组为株式会社芝浦制作所，成为日本重型电器制造商的元祖之一。

图 2 东芝关系图

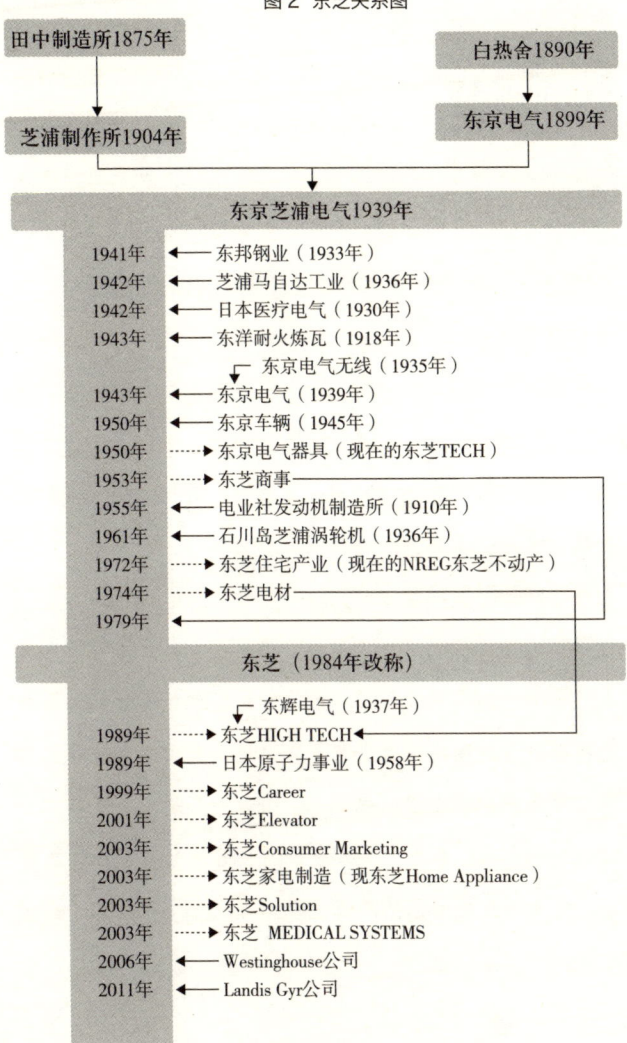

```
田中制造所1875年                        白热舍1890年
      │                                    │
      ▼                                    ▼
芝浦制作所1904年                      东京电气1899年
      │                                    │
      └────────────────┬───────────────────┘
                       ▼
         ┌─────────────────────────────────┐
         │      东京芝浦电气1939年           │
         └─────────────────────────────────┘
1941年  ◄── 东邦钢业（1933年）
1942年  ◄── 芝浦马自达工业（1936年）
1942年  ◄── 日本医疗电气（1930年）
1943年  ◄── 东洋耐火炼瓦（1918年）
              ┌─ 东京电气无线（1935年）
              ▼
1943年  ◄── 东京电气（1939年）
1950年  ◄── 东京车辆（1945年）
1950年  ┄┄► 东京电气器具（现在的东芝TECH）
1953年  ┄┄► 东芝商事
1955年  ◄── 电业社发动机制造所（1910年）
1961年  ◄── 石川岛芝浦涡轮机（1936年）
1972年  ┄┄► 东芝住宅产业（现在的NREG东芝不动产）
1974年  ┄┄► 东芝电材
1979年  ◄──
         ┌─────────────────────────────────┐
         │        东芝（1984年改称）         │
         └─────────────────────────────────┘
              ┌─ 东辉电气（1937年）
              ▼
1989年  ┄┄► 东芝HIGH TECH ◄──
1989年  ◄── 日本原子力事业（1958年）
1999年  ┄┄► 东芝Career
2001年  ┄┄► 东芝Elevator
2003年  ┄┄► 东芝Consumer Marketing
2003年  ┄┄► 东芝家电制造（现东芝Home Appliance）
2003年  ┄┄► 东芝Solution
2003年  ┄┄► 东芝 MEDICAL SYSTEMS
2006年  ◄── Westinghouse公司
2011年  ◄── Landis Gyr公司
```

【来源】：(株)东芝官方网页（2016年7月检索）。

东芝的另一个前身是东京电气。1890年白热舍成立，该公司是日本第一家白炽灯制造公司，负责开发和出售各种各样的电子制品，后于1899年改组为东京电气。1939年诞生的东京芝浦电气（东芝），在第二次世界大战之后依然是可以代表日本走向世界的综合电机制造商。

1965年，深陷萧条苦境的东芝会长石坂泰三希望土光敏夫能够担任东芝的社长，以图公司的重建。石坂于1956年担任第二代经济团体联合会（经团联）的会长，被人们称为"财界总理"。土光敏夫一直十分尊敬石坂泰三，对于曾经担任过石川岛芝浦涡轮机社长的他来说，东芝的重建并非别人家的事情。于是，土光于1965年5月出任东芝社长。

土光这样回顾那段过往：

昭和四十年（1965年）5月，我答应石坂泰三（时任东京芝浦电气会长）的恳请，"被"就任东京芝浦电气社长。我的任务是帮助分红持续减少的东芝复兴，这是我向来十分尊敬的石坂先生对我发起的邀请。另外，石川岛和东芝也一直都保持着良好的合作关系，再加上我在很长一段时间都是东芝的非常务董事，更不能放任东芝的经营危机不管。于是我接受了这次任命。[1]

表1 东京芝浦电气业绩图（1962年度上半年至1964年度下半年）

| 年度 | 销售额（亿日元） | 净利润（亿日元） | 股息率（年%） |
|---|---|---|---|
| 1962年度上半年 | 1152 | 96 | 13 |
| 1962年度下半年 | 1214 | 98 | 13 |
| 1963年度上半年 | 1190 | 82 | 12 |
| 1963年度下半年 | 1224 | 52 | 12 |
| 1964年度上半年 | 1172 | 41 | 10 |
| 1964下半年度 | 1140 | 33 | 8 |

【来源】：东京芝浦电气（株）《东芝百年史》，1977年。

（注）1963年下半年以后的净利润是税后净利润。

有来自土光十分尊敬的石坂泰三的邀请，再加上石川岛重工业与东芝的渊源，促使土光决定出任东芝社长。

**土光社长就任之前东芝的困境**

实际上，东芝的经营从1965年（昭和四十年）的萧条以前就开始走下坡路。表1为我们展示了1965年土光敏夫担任社长时，东芝在这之前的三年里的业绩变化。

值得注意的是，1963年下半年之后，净利润变为税后净利润，除去这一部分，我们还能很明显地看出，从1962年至1964年，东芝的业绩急剧恶化。关于这些，东京芝浦电气（株）的《东芝百年史》一书阐述如下：

直到昭和三十六年（1961年），公司都保持着顺畅的发展，但昭和三十七年之后，民间设备投资逐渐停滞，重型电器部门的订单下降，昭和三十八年之后家电部门也开始苦于销售额的停滞不前……虽然公司推出了各种各样的改善措施，但是业绩依旧持续低迷。到昭和三十九年下半年，这三年里每半年的销售额都维持在1100亿日元左右，销售利润率以及净利润都急剧下降，利润分红也逐步减少，到昭和三十九年股息率仅有8分。

另外，因为连续引进新设备，昭和三十九年下半年的固定资产已经是昭和三十六年下半年的130%，所以，那时公司的各项债务已达到1592亿日元，支付利息也达到每半年68亿日元，短期的资产流动性明显偏低。[2]

1965年这场猛烈的暴风雨，被人们称作"第二次世界大战后最大的萧条"。在这种业绩持续低迷的情势下，土光敏夫担负起社长的重任，决心重建东芝。

岩田弌夫于1934年（昭和九年）进入东芝前身——东京电气，在东芝担任石坂泰三社长的秘书之后，于1965年就任公司的董事。后来在1976年6月，岩田也担任了东芝的社长。关于土光敏夫就任东芝社长的事，他在《昭和人像记录·土光敏夫大事典》这部回想土光的文章中如下叙述：

即使是石坂先生也一样火烧眉毛、十分苦恼。他是为重建东芝而力挽狂澜的关键人物，虽然"财界总理"的名声无法动摇，但是自己的公司东芝却陷入了这样的境地，实在愧对众人。和岩下先生（土光敏夫就任之前担任东芝社长约7年半的岩下文雄——引用者注）的沟通不畅，更令他如坐针毡。

后来，石坂先生终于下定决心邀请土光先生出任社长。石坂和土光是老朋友，当时他刚从石播（石川岛播磨重工业——引用者注）功成身退，虽然年事已高，但是体力和精力上依旧保持着年轻时的状态，肯定也心心念念地特别想出来工作吧。在这个完美的时机，石坂先生为土光先生准备了"重建东芝"这个巨大的舞台，他没有推辞，很快便接受了，说来这也得多亏石坂先生"财界总理"的名声。实际上，如果没有人站出来改变东芝，东芝很可能会一直走下坡路。能为东芝进行一场大手术的医生，非土光先生莫属。石坂先生的眼光独到，真可谓是财界的政治家啊。[3]

我们可以从这篇文章中得知，对于土光来说，可以接手重建东芝的工作意义非凡。

### 出任社长时对员工的关怀

土光敏夫像是系着降落伞的飞行员一样从天而降，成为东芝的社长。为了融入东芝这样一家大企业，土光费尽心思。

在岩田弍夫的回想录里,他这样介绍土光就任东芝社长时的逸闻:

我们公司(东芝)的这帮人一身傲骨。当时大家都认为,公司历史悠久,就算不从外面请来这么一位社长,凭自己的能力也可以重振公司。虽然业绩不容乐观,但是只要把握住经济发展的动向,东芝一定可以早日重振雄姿。虽然是石坂泰三老先生把土光先生叫来的,但那个石坂先生也是从第一生命(译者注:日本最有实力的人寿保险公司之一)调过来的外部人员。就算眼下的体制不好,但也用不着从外面请人过来吧?搞得好像东芝里面没有人能用一样,会这么想也是人之常情吧。土光先生恐怕也知道大家心里的这些小九九,所以当他只身一人来到东芝,开口的第一句话就说:

"我是被雇过来的,是刚进东芝的新人,所以请大家多多指教",仅此而已。

这句话说得很有技巧啊。该说他有政治手段好呢?还是该说他通晓人性的微妙之处……总之,可以看出他是一个老江湖。[4]

土光能够迅速融入东芝,不仅是靠对员工的关怀备至,还靠他言行一致的美德和永不放弃的顽强毅力。岩田讲道:

"土光言行一致,说要做什么就一定做到,不多说半句漂亮话。很多管理人员都喜欢装模作样,只有这个人从来不会掩饰自己。他来到东芝后最令人惊讶的就是他顽强的毅力。虽然他在石播时期就以勇猛著称，我在一定程度上也能预测到，但是当真正接触他后，我才发现，拥有顽强毅力的土光先生绝对不像已是古稀之年。"[5]

这么快就融入东芝的土光，究竟是怎样展开经营重建的呢？

**挑战·应战式经营管理**

虽然土光敏夫成功地重建了石川岛重工业，但是东芝的经营重建对他来说也并非易事。

土光解决问题的突破口是东芝所拥有的优秀人才，"东芝无可用之人"这句话并不是真的。为了充分利用人才，土光采用两个策略：①释放活力；②下放权力到业务部。为了提高①和②的实效性，他导入了本书开头介绍的"挑战·应战式经营管理"。

土光以"释放活力"为目标，首先进行了机构改革。机构改革的重点是设置经营干部会，以便公司的经营战略决策可以迅速得到执行。同时为了实现②，土光非常大胆地将权力下放到业务部长，他出台的措施一个接着一个。

在当时的日本，美国的经营史专家艾尔弗雷德·D.钱德勒在 1962 年出版的名著《Strategy and Structure（MIT Press）》（三菱经济研究所译为《经营战略与组织》，中文为《战略与结构》）虽然还未出版，但已经成为大家热议的话题。这部著作中有一句著名的话"组织结构服从战略"。著作认为，为了盘活大企业的各个组织结构，应当采取多业务部门制，并且必须严加区分整个公司的战略决策和日常业务决策。土光在重建东芝的过程中运用的策略，可以看作最早运用钱德勒建议的实例（上文已经提到，土光早在 1960 年在 IHI 时就导入了业务部门制度，东芝的下放权力的策略也许就是运用了当时的经验）。

但是，为了使钱德勒所述的多业务部门制发挥有效的机能，制定整个公司战略决策的高层领导与制定日常业务决策的业务部门之间，必须积极交换有价值的信息与意见。土光导入东芝的"挑战·应战式经营管理"，使得组织结构内的上级对下级可以积极地挑战，而与此相对下级也对上级积极地应战，因此可以保障实现"积极地交流信息与意见"。

**土光敏夫出任社长时对员工的要求**

土光敏夫担任社长时，对员工们有何要求呢？《东芝百年史》有一小节的题目叫作"土光敏夫担任社长时对员工的要求"，

这一节是这么阐述的:

土光社长就任时,在亲切问候和关怀员工的同时,对员工提出了两点要求:

(1)完善组织内部结构。组织结构是不会自己活动起来的,通过人的主观能动性才能发挥组织的机能。通俗地讲,我们公司的组织结构现在十分缺乏活力。请大家丢掉那种害怕失误的消极态度,这样才能充分调动自己的活力。

(2)充分使用移交到自己手中的权力。什么叫作有责任感呢?就是充分行使手中的权力。正确地行使权力需要特殊的努力,这当中人与人之间的交流是非常重要的。另外,移交权力的这一方不能只是将权力移交出去就不管了,还需要进一步完善管理移交后的权力。如果决策能及时落实,那么组织结构自然会活跃起来。我们公司的组织结构必须要变得更加活跃才行,为此,需要全体员工的积极配合,在此就拜托大家了。(以上为缩略版)

除了这些要求,土光社长通过顽强的信念和高度的热情,率先垂范,用旺盛的行动力和执行力为大家展示了自己的经营理念。通过这些措施,深陷萧条凝重氛围的公司又一次爆发出积极的活力,蓬勃的企业活动很快就深入到了组织结构的末端。[6]

接下来,让我们一起来看看他是如何做到率先垂范的。

### 以率先垂范进行意识改革

在东芝的经营重建中,土光敏夫最重视的就是意识改革,他反复强调"普通的社员要3倍地动脑,董事要10倍地工作,而我会做得更多"。[7]他不仅嘴上这么说,也拿出了实际行动率先垂范。

我们从下面的这段记述中也可以看出土光的这种精神。

"我来到东芝之后,首先着手开始机构的改革,除此之外实地走访了整个工厂、子公司、营业所等。东芝那时在全国有超过30个工厂和营业所。虽然记不住63000名员工的长相和名字,但是我想让他们看到这个叫土光的社长到底是怎样的人,同时也想掌握各个工厂的问题。

"但是我只能在平常的工作中抽时间去各个工厂和营业所,所以很多时候只能夜晚出发,考察完马上就回来。我虽然已经70岁了,但幸运的是身体还很健康,没有什么负担。其实我自己也很期盼能交心地和所有员工说说话。通过考察我才了解到,东芝的社长至今为止没有一个人去过工厂,甚至是距离东京很近的川崎工厂都没去过。工厂的员工们当时很欢迎我,还喊我'老爷子、老爷子',后来还有人去我家(在距离川崎很近的鹤见)拜访我。"[8]

从周一到周日,土光每天早晨都搭电车上班,还把拥有专用浴室、卫生间、厨房的社长办公室改造得十分朴素。不仅如此，他还搞起"社长营销"，带头进行销售活动。

岩田式夫在回想录中，用"自下而上"这个词来形容土光社长的率先垂范精神。

土光这个人，经常把经营管理的视点放在组织结构的最底层。他不采用自上而下的方法，而是自下而上，贯彻生产一线第一的思想，这是提高公司内部士气最直截了当的方法。他自己也是搞技术出身，所以发自内心地喜欢生产一线的氛围。他去工厂的时候，顾不上喝茶，就马上走进车间。生产一线的员工都很吃惊，也很感激他，工头和工人们聚在一起纷纷议论，因为从来没有见过这样的社长。土光不仅去工厂，还把自己的足迹留在了全国的销售公司和主要的代理店、零售店里。不管是大型电器还是家电，他都亲自去倾听市场的声音，然后再根据情况做出各种指示。可是那群在总公司游手好闲的董事们可受不了这样，"光靠开会可赢不了"，听到土光的这句话，在东芝吃了几十年粮饷的董事们慌了神。不过要在短时间内在一个大组织里进行意识革命，他这种方式可能是最合适的吧。[9]

通过土光社长的率先垂范法和自下而上法，东芝开始如火如荼地进行意识改革。后来，工会也加入其中。

**亲临工会**

土光敏夫刚当上东芝的社长，就去工会和大家打了招呼。工会方面看到土光这样的态度，一改之前对他不信任的态度。"像现在这种糟糕的情况，别的公司都发不出工资。我希望大家多多努力，让公司盈利，不要输给别的公司。公司挣了钱，也不会放进我个人的口袋，我们会公平分配的。"[10] 慢慢地，工会的成员们都理解了土光社长这样的想法。

上竹瑞夫的《土光敏夫——无私的人》一书中，描述了当时工会慌乱的模样：

河野一义具体讲述了当时的情形。河野是后来东芝工会联合的委员长。当时他们接到社长视察的通知，工会的委员长、副委员长、书记都连忙赶到总部。

"当然很慌乱啦。毕竟是社长一个人要来工会……工会的文件资料等都落满了灰尘。社长还有两三个小时就要到了，我们不得不开始全员大扫除。没有桌布，就用白纸代替。"

土光拎着一瓶一升的酒，在傍晚时分出现在工会本部事务所。工会的干部们都提心吊胆地出来迎接社长。没想到社长对大家说"来吧，拿上杯子喝一杯吧"。随后他为大家斟上冷酒说，"我是担任社长的土光。请多关照。"工会的干部们都十分惊讶。[11]

干杯后，土光敏夫做出了"公平分配"的发言。像石川岛重工业的工会那样,东芝的工会也开始和这个"和之前的社长大不相同"的新社长一起为经营重建而努力奋斗。

**经营机构的改革**

土光敏夫就任社长之后,在东芝开始了经营机构的改革。上文已经提到过,改革的主要内容包括设立经营干部会和把权力下放到业务部门。

首先,1965年(昭和四十年)6月1日,土光在就任社长后的第6天,就废止了专务会和常务会,新设经营干部会。经营干部会的成员有包括社长在内的常务董事级别以上的所有人员。干部会是所有管理高层齐聚一堂,进行战略决策的最高机关。

设置经营干部会的同时,土光还废止了历来的"责任董事制度",新建了"董事分担制"。在责任董事制下,各董事既是特定部门的利害代表者,又是执行公司的经营方针的责任人。导入董事分担制就可以明确各个董事的职务,像社长的分身一样率领大家执行公司的经营方针。

1966年5月,土光就任社长一年后,为了加快推进公司的战略决策,经营干部会的成员精简到只有社长、副社长以及专务董事,这些成员再加上常务董事、生产管理责任董事、东芝商事社长以及东芝商事专务董事,组成常务会。这就是管理高层的两个决策机关。

其次,1966年1月,公司对掌握了一定权力的业务部门采取两方面措施:①董事的分担方式从"业务部别分担制"改为"机能部别分担制";②分担董事的决策权交给业务部长。另外,总部的员工部门也开始支援业务部门的活动。

再次,从1965年下半年开始实行业务部业绩评价制度。与此同时,召开"业务部每月报告会",全体高层领导出席并听取各业务部的运营和业绩情况,通过挑战·应战式方法与员工们进行透彻的探讨。

在1969年年初训话上,土光提出这样一个方针——"各业务部要形成独立的企业形态,将公司打造成由业务部公司组成的复合型企业"[12]。于是业务部长成为"业务部公司的社长",而为了强化业务部内的经营机构,公司还设置了由6~7位业务部高层组成的"业务部内阁制"。

1969年上半年,业务部采取独立自主强化的方针,管理会计方面也导入新的核算制度。那时,还有以下6个措施:

(1)清算结转损益;

(2)重估业务部资金后的股息率为基准,采用业绩评价制度;

（3）改订业务部门共用资产的处理方法；

（4）业务部负责投融资的结算；

（5）再次评估土地；

（6）简化费用分配基准，分配杂项账户和共同费用。

**五项强化企业体质的策略**

土光敏夫社长制定了以1965年（昭和四十年）和1966年两年为对象的中期经营计划，致力于从根本上强化企业体制。这个计划有5个重点：①资产的效率化；②确立生产体制；③整备经营管理体制；④强化技术开发；⑤扩充销售体制。

在中期经营计划中，东芝为了提高资产利用率，积极采取了以压缩过剩库存为中心的一系列措施，包括清算总资产、快速回收应收款项、返还债务、投资新设备以及抑制投融资等措施，成效显著。如表2所示，库存压缩，应收款项减少，债务额减少。如表3所示，总资产周转率得到提升。东芝从推进总体合理化的角度，推进建立完善的生产体制。1966年，经济形势好转，公司为了应对需求的扩大，采购全新的生产设备，还在积极地推进工厂之间，或者相关公司和总部之间生产设备的移交与集中化进程，如表4所示。这就是"集中技术力量，开发新产品，强化改良体制，统筹规划设备，实现生产体制的合理化，为了工厂的长期发展改善构造"[13]。

经营管理体制方面，1965年东芝的中期计划把"控制人员数量和效率"作为目标。人事管理上采用精锐方针，奖惩措施上重罚方针，还导入了如图3所示的目标管理制度。表5显示了员工人数的变化，体现了精锐方针的实施成果。

表2 东京芝浦电气的库存资产、应收款项、债务变化表
（1964年下半年至1966年下半年）（单位：亿日元）

| 年度 | 库存资产余额 | 较上一个半年增减 | 应收款项余额 | 较上一个半年增减 | 债务余额 | 较上一个半年增减 |
|---|---|---|---|---|---|---|
| 1964年度下半年 | 797 |  | 1160 |  | 1592 |  |
| 1965年度上半年 | 790 | △7 | 1116 | △44 | 1642 | 50 |
| 1965年度下半年 | 730 | △60 | 1106 | △10 | 1573 | △69 |
| 1966年度上半年 | 655 | △75 | 1095 | △11 | 1469 | △104 |
| 1966年度下半年 | 723 | 68 | 1067 | △28 | 1397 | △72 |

【来源】：《东芝百年史》。（注）△表示减少。

表3 东京芝浦电气的总资产周转率变化表
（1964年下半年至1967年下半年）（单位：亿日元、次/年）

| 年度 | 销售额 | 总资产 | 总资产周转率 |
|---|---|---|---|
| 1964年度下半年 | 1140 | 3650 | 0.62 |
| 1965年度下半年 | 1102 | 3538 | 0.62 |
| 1966年度下半年 | 1345 | 3568 | 0.75 |
| 1967年度下半年 | 1785 | 4327 | 0.83 |

【来源】：《东芝百年史》。

图3 东京芝浦电气于1965年导入的目标管理制度

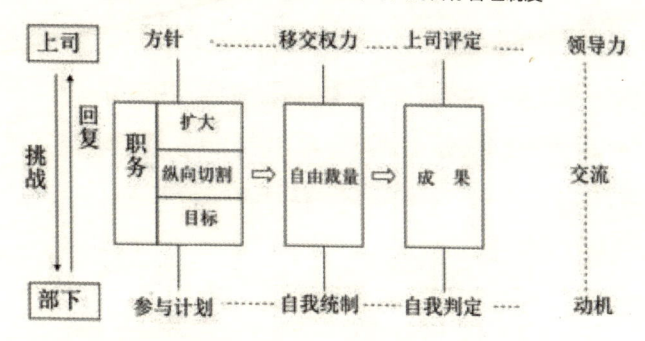

```
上司 ──→ 方针 ┄┄┄ 移交权力 ┄┄┄ 上司评定 ┄┄┄ 领导力
 ↕                ┌──────┐
 回            职 │ 扩大 │
 挑           务  │纵向切割│ ⇒ 自由裁量 ⇒ 成 果      交流
 战               │ 目标 │
 ↕                └──────┘
部下 ──→ 参与计划 ┄┄┄ 自我统制 ┄┄┄ 自我判定 ┄┄┄ 动机
```

【来源】:《东芝百年史》。

表4 东京芝浦电气的生产设备移交表（1966年上半年～1968年上半年）

| 移交管理单位 | 生产机型 | 实施时间 |
| --- | --- | --- |
| 富士工厂到府中工厂 | 无保险丝断路器 | 1966年上半年 |
| 晶体管工厂到北九州工厂 | 锗二极管 | 1967年上半年 |
| 晶体管工厂到姬路工厂 | 硅晶体管 | 1967年上半年 |
| 堀川町工厂到横须贺工厂 | 软电线 | 1967年下半年 |
| 蒲田工厂到鹤见工厂 | 大型水轮机 | 1967年下半年 |
| 柳町工厂到大阪工厂 | 冰箱 | 1968年上半年 |
| 鹤见工厂到浜川崎工厂 | 中型变压器罐体部门 | 1967年上半年 |
| 鹤见工厂到浜川崎工厂 | 核设备 | 1967年下半年 |
| 鹤见工厂到浜川崎工厂 | 仪表变压器/电流互感器 | 1968年上半年 |

【来源】:《东芝百年史》。

就这样，贯彻精锐方针的东芝导入了新的结构。1965年8月，东芝开始采用"员工组（Staff Group）制"，在这个制度下，员工可以在部长的管理下自由组合。1966年8月，为了应对高效化和专业化的经营管理模式，东芝开设"专业职位"，同月还开始"公司内部公募方法"，以期完成灵活的人事配置。

表 5 东京芝浦电气员工的变化（1965 年 9 月—1967 年 3 月）

（单位：人）

| 年　　月 | 事务技术职位 | 技能职位 | 合计 |
| --- | --- | --- | --- |
| 1965年9月 | 22185 | 39019 | 61204 |
| 1966年3月 | 21599 | 36043 | 57642 |
| 1966年9月 | 21914 | 36206 | 58120 |
| 1967年3月 | 21432 | 35023 | 56455 |

【来源】：《东芝百年史》。

在强化技术能力方面，东芝把着力点放在了新产品、新技术和新领域的开发上。在这里值得注意的是，东芝"为了推进研究开发和公司长久的发展，确保科研开发费在因经济低迷而业绩不振的时期也能维持在营业额的3%~4%，以期实现技术的飞跃"。此外，"为了强化全公司的技术开发能力，必须提高综合技术管理能力。昭和四十一年（1966 年）7 月东芝设置技术本部，由社长直接管理"[14]。

面对经营危机，土光敏夫并未采用短期的对症疗法，而是寻求长期发展的根治对策。被称为"财界名医"的土光敏夫向世人展现了他的真本领。

最后，在销售体制方面，东芝一方面推进增加出口方案、扩充重型电器部门的订货体制，一方面强化管理家电部门东芝商事的运营。关于后面这一点，《东芝百年史》描述如下：

东芝商事的业绩与公司的业绩有非常密切的关系，所以，为了贯彻利益责任、扩大销量，公司在昭和四十年（1965年）7月确立了保证独立性、实施收购制的方针。根据东芝商事运营的基本方针，再次与销售机构、市场调查、广告、商品计划、商品库存、服务以及会计系统等进行商讨，并实施以下的改革：

①作为扩张东芝商事权力的一环，昭和四十年7月15日，公司终止了与9家月贩会社、东芝写真用品（株）和东芝家庭电器服务（株）的业务关系，转而交给东芝商事。

②与家庭电器的销售活动直接相关的市场调查机构和广告宣传机构也在昭和四十年8月1日移交给东芝商事。

③东芝商事开始主管家用电器的销售企划和确定商品的价格。在昭和三十九年10月起实施的销售部门兼任形式也于昭和四十年8月发生改变，原来部长、科长由兼任管理销售，现

在他们的本职是在东芝商事执行具体业务,主任以下的员工调往东芝商事。

④昭和四十年10月1日起,改变以商品收购制为中心的会计方式。[15]

表6 东京芝浦电气业绩变化(1965年度上半年至1966年度下半年)

| 年度 | 营业额(亿日元) | 利润(亿日元) | 股息率(年%) |
| --- | --- | --- | --- |
| 1965年度上半年 | 1111 | 10 | 6 |
| 1965年度下半年 | 1102 | 4 | 6 |
| 1966年度上半年 | 1238 | 19 | 6 |
| 1966年度下半年 | 1345 | 33 | 8 |

【来源】:《东芝百年史》。

### 冲出萧条的层层包围

东芝的中期经营计划取得了巨大的成功。如表6所示,东芝在1965年的经济萧条中股息率下降到年6%,同年的下半年股息率开始恢复。

1966年下半年,东芝的营业额达到1345亿日元,创造了新的历史纪录。《东芝百年史》记述了1965年公司摆脱萧条的情形。

公司(此处略)为了扭转萧条局面进行了不懈的努力,为了将来的发展,更注重强化企业的根基。所以东芝很快从萧条的困境中摆脱出来，开始走上坡路。

重电机部门是第一个业绩上涨的部门。刚刚进入昭和四十年（1965年），为响应政府经济复苏的政策，电力公司和国营铁路发来提前订购和追加订购的订单，另外公司的出口政策也得到积极响应，来自海外的订单不断增加，重电机械的订单额和订单余额慢慢地增多。

昭和四十一年下半年开始，产业界的设备投资逐渐恢复，重电机部门又开始呈现盛况。昭和四十二年3月，部门的订单额是昭和四十年3月的162.2%，订单余额达到130.9%，销售额达到137.8%。另一方面，仍然持续低迷的家电部门也通过生产调整和机型调整，进一步消化库存，物流路径也更加优化。再加上昭和四十一年，人们初次购买和更换家电的需求急速回升，时隔2年家电部门忽然形势好转。

特别是国内黑白电视机的需求增长，出口量也顺利增加，再加上公司率先推进量产彩色电视机，在这个急速发展阶段，东芝的出货量大幅提升。照明方面，昭和四十年11月电灯泡的累计生产量已经达到20亿个，昭和四十一年4月荧光灯的生产量达到2亿个，虽然处在萧条时期，但是因为有强大的需求量，所以业绩令人满意。

在这期间，电子计算器的需求也急速增长，昭和四十年

12月以桌上电子计算器"Tosukaru"为首的办公设备需求快速增长，此外自动化设备、工业通信设备等电子通信设备部门的业绩也十分坚挺。[16]

东芝的经营重建在经济复苏的大环境下顺利进行。然而，我们不能忽略了土光社长的功劳，是他发挥领导力推进一系列强化企业体制的策略。

**伊奘诺景气和业务体制的强化**

面对经营危机，土光敏夫不仅制定了合适的紧急对策，还预见了将来的发展并进行大胆的机构改革。这种独特的对策，使得东芝在1965年（昭和四十年）11月至1970年7月持续57个月的"伊奘诺景气"中，结出丰硕的果实。

通过强化业务体制、进军新领域、强化订货销售体制、提升技术能力、灵活化设备投资等措施，东芝的业绩实现了飞跃。

强化业务体制，主要在彩色电视机、音像制品、窗式空调、冰箱等成长型产品相关的领域进行。例如，1965年4月在深谷市新建彩色电视机专门工厂；1966年4月新设音响事业部门；1966年11月，将冷热业务部从设备业务部分离出来并独立等。再则，东芝为了整合强化冷冻设备业务以及压缩机业务，于1969年4月从东芝机械（株）分出冷冻机及其应用制品相关的一切业务,并于1970年建成最先进的压缩机工厂。

东芝除了将冷热业务部从设备业务部分离,还在桌上电子计算机等办公设备领域、邮件自动处理装置、车票自动贩卖装置等自动化设备领域,研发出了划时代的新产品。而使这些产品得以开发成功的关键,就是东芝引以为傲的最前沿的电子技术。

东芝还努力强化电子技术的关联业务。1967年4月,医用机械业务部从计测业务部独立,通信机业务部也一分为二,分为无线电设备业务部和电子通信业务部。

这个时期,东芝进行的业务体制的强化,不仅仅是对与成长型产品相关的业务部进行再编,还有另一个重要的方针,就是提高产品竞争力,把原来只是辅助部门的零件材料部门渐渐独立出来。根据这个方针,在1966年1月、2月、4月分别成立了化学材料业务部、玻璃业务部和铸器材料部;1967年10月成立了金属材料业务部,1969年5月成立了电路板部。

**进入新的业务领域**

1960年后半年,土光敏夫率领东芝积极地进军新业务领域,例如,电梯、核电、住宅、邮件自动化机械、卫星通信等。

东芝曾经投资东洋奥的斯电梯有限公司,帮助过该公司进行电梯的销售,当时东芝并没有自己制造产品的想法。但是随着需求的增大和机种的增多，要求东芝制造电梯的顾客也越来越多，因此东芝在1966年（昭和四十一年）3月开始制造销售电动扶梯，10月开始制造销售升降扶梯。

之后的1967年3月，东芝新建东芝升降机服务部（株），负责电梯的安装和维修服务。1968年1月建立升降机专门量产工厂。日本第一个商用核能发电所——日本核能发电（株）东海发电所在1966年7月开始运转，在"核能时代"的帷幕被拉开时，东芝决定正式进军核能业务。1966年7月，设置核能本部，直属社长管辖。紧接着，在1967年4月，东芝与美国的通用电气公司签订技术合作协议，准备导入与沸水型轻水反应堆（BWR）有关的技术并国产化。同年5月，东芝、通用电气公司以及（株）日立制作所三家公司共同设立日本Nuclear Fuel（株）。

住宅业务方面，1967年12月，东芝利用东芝商事的销售网络，与大和HOUSE（株）合作，开始正式销售组装式建筑（商品名"东芝maison"）。1969年9月设置了住宅业务部，"在电机厂商中，我们公司是第一个建立住宅业务部的公司"[17]。

1965年5月，东芝开始着手邮件自动化的开发。1966—1967年，先后开发出"读取分拣机""分类盖销机""分选机"，并供应给邮局，使邮政编码系统在1968年7月成功问世。功

土光敏夫在东芝100周年纪念仪式上
(1975年7月/照片来源：东芝未来科学馆)

劳最大的是东芝的中央研究所在1967年6月开发的多种字体活字光电式文字读取装置（OCR）。使用了这个装置的东芝邮政自动化机械引起了国际上的广泛关注，该装置陆续出口美国、加拿大、澳大利亚、荷兰等。此外，东芝利用电子技术，在定期车票贩卖机、自动检票机等方面也确立了自己的优势地位。

1966年11月，东芝在通信业务部内设立了卫星通信本部，努力开展卫星通信业务。1967年生产出世界级别的宽带行波管，可以作为卫星通信用地球站的发射管。[18] 更进一步，东芝还进军了宇宙开发领域，1968年10月设置宇宙开发本部，直属社长管辖。

进军新领域的时候，土光社长发挥了强大的领导能力。核能本部和宇宙开发本部直属于社长就是其强大领导能力的最好体现。对于东芝的长期发展，进军新的领域有极其重要的意义。《东芝百年史》中提到"进军新的领域并在该领域积极发展，能够推进我公司业务的多样化和专业化，昭和四十年（1965年）之后，这些新领域的发展为公司的跃进提供了强大的动力。"[19]

### ──围绕福岛第一核电1号机的故事

出町让的《清贫与复兴——土光敏夫的100句格言》一书中，有一段原经济团体联合会（经团联）专务理事立花宏的回忆，他围绕土光社长和东京电力、福岛第一核电站1号机，讲述了一段非常有趣的逸事。1974（昭和四十九年）—1980年，立花是土光敏夫领导下的经团联中负责能源和核能的活跃职员。而东芝接受美国通用电气公司的转包，参加了东京电力福岛第一核电站1号机的建设工程，并于1971年3月开始运转。

立花永远都忘不了土光说过的一句话。1982年，立花陪同土光视察福岛第一核电站。从上野车站回到经团联会长室休息时，土光对立花讲述了一段有关福岛第一核电站不为人知的故事。

东电把福岛第一核电站1号机从通用电气公司运来时，时任东芝社长的土光对东电的领导说："这和从美国进口一辆汽车完全不同，核能设备是复杂的系统，我希望从一开始就让日本厂家的技术人员去检查一下。"

但是，东电领导并没有听从土光的建议，他说："这可是世界第一的通用电气公司制造的核能设备，而且它在美国早已经商业化了，不会有任何问题。不要再说什么多余的话了。"

立花回顾将近30年前的土光的想法：

"土光想说的是我们不能一味地对外国厂商的要求言听计从。同时，也不要对自己的实力太过自信和傲慢。我们需要用自己的力量把核能设备改良，使设备真正适合日本的土壤。"

福岛核电站太过于依赖通用电气公司的技术，结果懈怠了运用日本自身的技术能力提高核电的安全性，这也是导致后来事故发生的一个因素吧。[20]

2011年（平成二十三年）3月东日本大地震引发的东京电力福岛第一核电站事故，就是因为忽略了日本实际生活中海啸的规模而导致的。就算"努力用日本的技术提高了安全性能"，也不一定能够预防事故的发生，更不用说采用了通用电气公司统一订购的1号机了。1号机迅速爆炸，无法及时做出应急反应，这都是无可争议的事实。这就意味着，出町的见解其实正确地反映了事物的一个方面。

立花的这段回忆，为我们讲述了土光在核能发电方面也极其重视自主技术的研发，东芝的核能业务所后来继承了这样的优良传统。1977年3月出版的《东芝百年史》刊载的表7如下所示，"本公司于昭和四十年（1965年）开始正式进军核能事业，之后通过核能业务部门的体制，运用沸水型轻水反应堆（BWR）技术参与电力公司的核能发电站的建设。如下表所示，包含正在建造的反应堆，国内22座轻水反应堆中有13座是BWR型，其中本公司为主要承包商的有5座，作为转包或者分包商参与的有4座。所以总的来看，我们一共经手9座反应堆，稳坐该行业第一的宝座。"[21] 拥有BWR技术的东芝在短时间内成为日本最大的核能发电厂家。

表7 日本23座商用核反应堆中东京芝浦电气的参与情况
（1976年3月）

A 轻水反应堆22座
沸水型（BWR）13座

| 发电站名称 | 发电量（MW） | 开始运转时间 | 东芝参与情况 |
| --- | --- | --- | --- |
| 日本核能发电·敦贺发电站 | 357 | 1970年3月 | 通用电气公司的转包 |

| 发电站名称 | 发电量（MW） | 开始运转时间 | 东芝参与情况 |
|---|---|---|---|
| 东京电力·辅导第一发电站 1 号反应堆 | 460 | 1971 年 3 月 | 通用电气公司的转包 |
| 同　　2 号反应堆 | 784 | 1974 年 7 月 | 通用电气公司的转包一部分是主承包商 |
| 同　　3 号反应堆 | 784 | 1976 年 3 月 | 主承包商 |
| 同　　4 号反应堆 | 784 | 正在建造 | 其他公司 |
| 同　　5 号反应堆 | 784 | 正在建造 | 主承包商 |
| 同　　6 号反应堆 | 1100 | 正在建造 | 通用电气公司的转包 |
| 中国电力·岛根发电站 1 号反应堆 | 460 | 1974 年 3 月 | 其他公司 |
| 中部电力·滨冈发电站 1 号反应堆 | 540 | 1976 年 3 月 | 主承包商 |
| 同　　2 号反应堆 | 840 | 正在建造 | 主承包商 |
| 东北电力·女川发电站 | 524 | 正在建造 | |
| 日本核能发电·东海发电站 2 号反应堆 | 1100 | 正在建造 | 其他公司 |
| 东京电力·福岛第二发电站 1 号反应堆 | 1100 | 正在建造 | 主承包商 |

（口）加压水型（PWR）

9 座，东芝没有制造过 PWR 型，这 9 座都是其他公司负责的。

B　卡尔德豪尔型反应堆　1 座

日本核能发电站·东海发电站　　166MW　1966 年 7 月

【来源】：《东芝百年史》。

**接受订货·销售体制的强化**

让我们回到 1960 年的下半年，此时的东芝正在着力强化订货以及销售体制。

在强化订货体制方面，1966 年（昭和四十一年）4 月公司新设了专门项目部，5 个月后，项目部被升级为项目本部。项目本部在以下大型系统设备的订购方面取得了优异的成绩：

①从发电站的建筑、附带设备到发电设备等的一条龙承包（泰国 Ligniteauthority 发电站、黎巴嫩·中央南部发电站、冲绳·新牧港发电站）；

②从造纸机设备到电力和私人发电设备的一条龙承包（国际纸浆·小松工厂）；

③从系统开发到机器的运输、建造的一条龙承包（日本航空·新东京国际机场航空货运站）；

④从机器的运输到安装工程、调试运转的一条龙承包（马来西亚·波德申发电站、马来西亚·苏丹伊斯梅尔发电站、科威特 Shuaibasouth 发电站、澳大利亚 Yallourn 发电站、加拿大 Peace River 发电站、加拿大·Manitoba 发电站）；

⑤.从机器的运输到调试运转过程中的工程技术指导监督（韩国·蔚山发电站、韩国·仁川发电站、菲律宾·picop 公司直至设备、澳大利亚·Snowy Mountain 发电站）。

在国内销售体制的强化方面，1966年7月，大阪、名古屋、福冈的3个销售办事处升级为关西、中部、九州的3个分公司，广岛、富山、仙台、札幌、高松的5个销售办事处升级为中国地区、北路、东北、北海道、四国的5个分公司。接着，新潟、静冈、姬路、北九州、德山、冈山、金泽的各办事处改名为销售办事处。另外，1968年4月全面更改连锁店合同，从综合特约店改为分产品类别的专门连锁店制度。[22]完成以上转换的相关商品业务部紧接着成立了一个个的大型系列销售公司。

## 技术能力的提高

在伊奘诺景气时期，土光敏夫社长最重视的就是提升技术能力。即使是1965年的萧条时期，土光敏夫也要保持一定水准的技术投资，从那时来看，重视技术力量也是必然的。

《东芝百年史》记载："昭和四十二年（1966年），本公司期望能够高速成长，计划新产品占总销售额的比率在5年后要上升到50%。所以公司的研究开发体制方针变为——中央研究所专心进行前沿的研究开发，各业务部门细致地研究开发产品，共同扩充与整合体制。[23]"根据这个方针，从1968年（昭和四十三年）起，各业务部门陆续建立工作实验室。例如：

· 照明业务部建立"照明研究所"（1968年4月）；

·电机商品业务部建立"小型发动机技术中心"（1968年6月）；

·电机业务部建立"电机技术研究所"（1968年9月）；

·家庭电机业务部建立"家电技术研究所"（1970年4月）；

·冷热业务部建立"冷热技术研究所"（1972年12月）。

在此之前，1967年12月，系统技术中心也应运而生。在1969年年初训示上，土光社长特别强调了"独立自主研发技术"。因此，同年4月，中央研究所改称为综合研究所，研究开发体制从以前的按功能分配强化改变为按专业领域分配，建立材料研究所、电子配件研究所、电子机器研究所、电气机械研究所以及精密加工研究中心5个专门研究所。[24]

这当中，电气机械研究所于1969年9月从综合研究所中独立，并在川崎市浮岛町成立新的机构。此外，1970年4月，生产技术研究所成立，该所是以1968年4月新建的自动化推进部、综合研究所的精密加工中心、生产部的木工中心为基础成立的。

**设备投资的活跃化**

表8呈现了1965至1971年（昭和四十年至昭和四十六年）年度东芝设备投资额的变化。从表中我们可以得知，东芝

从 1966 年下半年开始积极地投资设备。

东芝从 1960 年下半年到 1970 年年初，新建了以下 7 家工厂：

· 青梅工厂：电子计算机专门工厂，1968 年 1 月竣工；

· 深谷显像管工厂：建在深谷工厂内，1969 年 8 月竣工；

· 岐阜分工厂：生产塑料部件，1969 年 10 月竣工；

· 压缩机工厂：在富士工厂的旁边建立，1970 年 4 月竣工；

· 音响工厂：在横滨市矶子区建立，1970 年 5 月竣工；

· 大分工厂：IC 领域的量产工厂，1970 年 6 月第一期工程完工；

· 横滨金属工厂：金属材料专门工厂，1971 年 4 月成立。

与此同时，深谷工厂（彩色电视机），姬路工厂（彩色阴极射线管/半导体），富士工厂（室内空调、冰箱、压缩机），小船厂（特殊安全设备），日野工厂（电信设备），北九州工厂（半导体），玉川工厂（医疗设备），大阪工厂（大型冰箱），名古屋工厂（洗衣机），三重工厂（通用电动机、压缩机用零部件），府中工厂（电梯、配电盘、计量设备）等老工厂也相继进行大规模的设备升级。另外，大型仓库的建设也在推进，1967 年 11 月建成大阪中央仓库，1969 年 11 月建成小向仓库。

表8 东京芝浦电气的设备投资额变化（1965—1971年）

（单位：亿日元）

| 年度 | 上半年 | 下半年 | 合计 |
| --- | --- | --- | --- |
| 1965年 | 35 | 40 | 75 |
| 1966年 | 38 | 68 | 106 |
| 1967年 | 72 | 114 | 186 |
| 1968年 | 102 | 112 | 214 |
| 1969年 | 128 | 157 | 285 |
| 1970年 | 176 | 189 | 365 |
| 1971年 | 172 | 139 | 311 |

【来源】：《东芝百年史》。

## 成为世界的东芝

1960年下半年，东芝开始"向世界飞跃"。具体措施包括：扩大出口、强化海外业务部门、扩大海外据点、设立海外销售公司、设立海外合资公司等。

如表9所示，在这一时期，东芝的出口额急剧攀升，出口比率超过10%。关于增加出口，《东芝百年史》中说明如下：

表9 东京芝浦电气出口额和出口比率的变化（1965—1971年）

| 年度 | 出口额（亿日元） | 出口比率（%） |
| --- | --- | --- |
| 1965 | 220 | 9.9 |

| 年度 | 出口额（亿日元） | 出口比率（%） |
| --- | --- | --- |
| 1966 | 311 | 12.1 |
| 1967 | 351 | 10.5 |
| 1968 | 502 | 11.6 |
| 1969 | 762 | 13.8 |
| 1970 | 797 | 13.3 |
| 1971 | 779 | 12.7 |

【来源】：《东芝百年史》。

从产品来看，面向美国市场的彩色电视机、显像管、半导体的出口增长势头强劲，从昭和四十一年（1966年）开始出口的桌面电子计算器也有惊人的增长。晶体管收音机、磁带录音机、立体声播放器等也表现良好，电扇的出口也以美国、中东、东南亚为中心蓬勃发展。订购产品的出口以重电机器、通信机器、医用机器为主增长显著。这些订购产品的出口增长是因为本公司的技术能力在世界范围内都评价很高，我们数量众多的订购记录就如实反映了这一点。

从地域上来看，美国市场需求旺盛，北美地区的销售超总额的半数，昭和四十二年上半年占比进一步上升到60%。但是，因为本公司从昭和四十一年开始向欧洲、中东、大洋洲积极进军，在这些地区及东南亚的出口额增长，使公司从昭和四十二年下半年开始对北美市场的依赖度相对下降。到了昭和四十四年，美国市场的需求增长放缓，其他地区又有所增长，所以公司对北美的依存度下降到40%以下。

1965年7月，东芝从海外业务部独立出一个新的部门——国际合作部，负责家电出口和海外投资。1966年3月，海外业务部又分为第一海外业务部和第二海外业务部，第一海外业务部负责面向普通消费者的产品和电子部件的出口，第二海外业务部负责重电机器、测量机器、通信机器等订购产品的出口。

1967年7月，新设海外业务部，负责海外投资客户、技术合作公司的管理，以及面向海外合作客户的部件、机械的出口。与此同时，第一海外业务部改名为第一出口部，第二海外业务部改名为第二出口部。

1965—1969年，东芝一边强化公司内部的海外业务部门，一边扩张海外据点。本公司在1964年末有11个海外据点（阿根廷、巴西、纽约、芝加哥、墨西哥、曼谷、悉尼、新西兰、苏黎世、夏威夷、印度）；1965年新增中国台北、黎巴嫩、旧金山；1966年新增首尔；1967年新增马尼拉、中国香港、约翰内斯堡、墨尔本；1968年新增伦敦、哥伦比亚、加拿大；1969年新增维也纳、巴拿马和伊朗等地。

东芝在扩张海外据点的同时，持续建立海外销售公司。1965 年改组纽约营业所为东芝美国公司；1967 年建立东芝国际公司（旧金山）；1968 年建立东芝夏威夷公司（檀香山）、民安东芝有限公司（中国香港）；1969 年建立东芝欧洲公司（杜塞尔多夫）。而在 1966—1970 年间，东芝还积极建立海外合资公司。具体如下：

· 1966 年：DELSA 东芝公司（墨西哥：晶体管、二极管等半导体），东芝 Anand Lamps 公司（印度：灯泡、日光灯）。

· 1967 年：东芝伊伦公司（巴西：重型电机），东芝马来西亚（马来西亚：家电产品）。

· 1968 年：Radiora 公司（菲律宾：电视、音响产品；参股），中国台湾日光灯股份有限公司（中国台湾：照明产品；参股），东芝 Iman 公司（巴西：变压器）。

· 1969 年：珀斯东芝工业公司（伊朗：风扇），珀斯东芝 lamp 公司（伊朗：灯泡、荧光灯），泰国东芝电气工业公司（泰国：风扇、房间空调、冰箱）。

· 1970 年：东芝 Anand 电池公司（印度：干电池），韩国东芝公司（韩国：半导体产品）。

表 10 东京芝浦电气的业绩变化（1967 年度上半年至 1969 年度下半年）

| 年度 | 销售额（亿日元） | 当期利润（亿日元） | 股息率（年%） |
| --- | --- | --- | --- |
| 1967年度上半年 | 1549 | 47 | 8 |
| 1967年度下半年 | 1785 | 62 | 10 |
| 1968年度上半年 | 2061 | 74 | 10 |
| 1968年度下半年 | 2270 | 88 | 12 |
| 1969年度上半年 | 2633 | 97 | 12 |
| 1969年度下半年 | 2869 | 102 | 12 |

【来源】：《东芝百年史》。

### 业绩的飞跃

如表 10 所示，1967～1969 年，东芝的业绩显著改善。《东芝百年史》中这样阐述：

在日本经济长期保持良好态势的情形下，公司一边推进企业体制改革，一边积极推进国内外的经营活动，企业在各方面都得到了长足的进步。于是，公司的业绩和经济的飞速成长一样，完成了令人瞩目的飞跃。早在昭和四十一年（1966 年）下半年，公司的利润就达到 33 亿日元，股东股息也增加了 2 分，达到了 8 分，公司的业绩渐渐恢复。而且从昭和四十二年到昭和四十四年，每期继续增收增益，仅仅 3 年销售额就达到了 2.1 倍，经常利润达到 2.6 倍，当期利润达 3.1 倍。[27]

在土光敏夫社长的指挥下，东芝像一只不死鸟一样复活了。他连续成功重建石川岛芝浦涡轮机、石川岛重工业、东芝，赢得了"财界名医"的美誉。

但是，土光关于东芝重建的回忆录仍旧充满谦虚之词。

经营者必须是幸运的男人——这是石坂泰三的口头禅。而我真的只是一个非常幸运的男人。

和重建石川岛时一样，我来到东芝的第二年，"伊奘诺"大规模经济复苏时代就来临了。

乘着景气的时代浪潮，东芝很快就恢复了元气。我就任社长的第二年，也就是昭和四十一年（1966年）下半年增加了2分的股息，从那以后，每年都会上涨2分。到了昭和四十四年上半年已经上涨至12分，下半年销售额（2869亿日元）打破历史最高纪录，该期利润也达120亿日元。这一年的销售额总共超过了5000亿日元。这也是第8个连续增收增益的年份。

从昭和四十二年开始实施的长期经营计划中制订的销售额计划，提前两年在昭和四十四年完成。实施这个长期经营计划之前，我像在石川岛播磨吹响进军的号角一样，把1800位部长科长齐聚一堂，高声宣布这项计划开始。长期计划得以提前完成是一件空前的事情，这也说明了东芝的业绩是如何急遽上升的。当然，这也是全体社员共同辛勤努力的成果。[28]

**为实现百年东芝播种**

"财界名医"土光敏夫导演的这部东芝复活大戏,最值得瞩目的不仅在于他在短时间内就出台了打破危机的策略,更在于他推出了各项措施,通过改善企业体制为企业带来长期发展。岩田式夫在回想录中,特别关注到土光颁布的各项措施,特别是"研究开发投资的重要性",关于这一点,具体叙述如下:

在东京奥运会之后,也就是昭和四十年(1965年)的大萧条中,虽然东芝表面上业绩恶化,但是实际上并没有遭受特别严重的破坏。很快市场恢复景气,直到昭和四十九年的石油危机,虽然这段时间日本经济状况起起伏伏,但还是越来越好。美好的日子继续,所以那些年被大家称作"昭和元禄"时代。土光带来强大的魄力与东芝的潜力完美结合,公司的业绩在大家的注视下渐渐好转。(股息)从6分到8分、10分,再到12分,在同行业中这一点也是丝毫不逊色的。

但是,我从财务领域的角度来看,土光的做法其实是非常危险的。这种超积极主义,特别是对技术开发的投资简直是无视"算盘"啊。

当大家刚准备把好不容易得来的利润保存在内部时,土光却说"与其留着这些钱还不如拿出来搞研究开发,研究人员只要休息一天脑袋就会生锈",财务的平衡也没什么用,最后还说"如果没钱就从银行借钱好了,这不就是你们的工作吗"。所以,他绝对不是一个只顾追求利益的人。他每时每刻都在考虑着明天,考虑着企业未来的发展。

从昭和四十三年到昭和四十四年,东芝的财务状况有些恶化,媒体的态度急转直下,不再追捧土光,反而责难他说这是"土光派经营的瓶颈"。然而土光并不为所动,甚至放任他们传播自己的恶人形象,"谁想说就说去吧,我是为了东芝能长命百岁而启动的 seeder",seeder 其实就是播种机。[29]

土光为了克服经营危机,不仅合理应对眼前的难题,更是站在东芝"百年大计"的高度上,为未来播撒希望的种子。

### 从东芝社长退任

"伊奘诺景气"持续了 57 个月,在 1970 年(昭和四十五年)7 月结束。此外,1971 年 8 月,美国的尼克松总统宣布美元和黄金停止挂钩兑换,随即引发了"尼克松冲击"。同年 12 月,日元对美元升值("1 美元 =360 日元"变为"1 美元 =308 日元"),这冲击了日本的出口行业。

在这种情形之下,东芝的业绩如表 11 所示,1970—1971 年的业绩有暂时的倒退。1971 年东芝的出口额减少(参见表 9),投资设备额也缩小(参见表 8)。

岩田式夫的回想录中，虽然谈到"昭和四十三年到昭和四十四年，东芝的财务状况有些恶化"，但是根据记录我们发现事实上1968至1969年（昭和四十三年至昭和四十四年）东芝的财务状况很好（参见表10），所以岩田式夫这里应该说的是"昭和四十五年到昭和四十六年"，也就是"1970年到1971年"。1970—1971年，媒体确实发生了责备土光的事件。但是他不为所动，一心为公司着想，这是不可争辩的事实。

与1965年土光刚刚担任社长时不同，1970—1971年，东芝已经打好了坚实的经营基础。如表12所示，1972—1973年，东芝的财务状况好转。

如表13所示，1970—1971年业绩暂时倒退的时候，东芝还是持续增加研究开发经费。土光社长重视研究开发投资的态度，从未改变。

1966年（昭和四十一年），在就任社长的第二年，土光为了使干部面貌焕然一新，把干部的平均年龄从63岁下调到58岁。与他一起推动东芝经营重建和业绩提升的，就是这些焕然一新的员工们。他说："昭和四十七年（1972年），通过启用新的人才，我们结出了丰硕的果实，东芝看起来已经没问题了，那年8月，我从社长的位子上退下来，这比当初预计的时间晚了许多。"[30]

从东芝社长位子上退下来的土光就任东芝的会长，接任人是玉置敬三。

表11 东京芝浦电气的业绩的变化
（1970年度上半年至1971年度下半年）

| 年度 | 销售额（亿日元） | 当期利润（亿日元） | 股息率（年%） |
|---|---|---|---|
| 1970年度上半年 | 3011 | 72 | 12 |
| 1970年度下半年 | 2989 | 41 | 10 |
| 1971年度上半年 | 3155 | 37 | 8 |
| 1971年度下半年 | 2997 | 41 | 8 |

【来源】：《东芝百年史》。

表12 东京芝浦电气的业绩的变化
（1972年度上半年至1973年度下半年）

| 年度 | 销售额（亿日元） | 当期利润（亿日元） | 股息率（年%） |
|---|---|---|---|
| 1972年度上半年 | 3095 | 50 | 8 |
| 1972年度下半年 | 3174 | 70 | 10 |
| 1973年度上半年 | 3633 | 98 | 12 |
| 1973年度下半年 | 3995 | 92 | 12 |

【来源】：《东芝百年史》。

## 表 13 东京芝浦电气的研究开发经费的变化
### （1969 年度 至 1974 年度）

| 年度 | 研究开发费（亿日元） | 占销售额比（%） |
| --- | --- | --- |
| 1969 | 231 | 4.2 |
| 1970 | 259 | 4.3 |
| 1971 | 267 | 4.3 |
| 1972 | 312 | 5.0 |
| 1973 | 368 | 4.8 |
| 1974 | 462 | 5.4 |

【来源】：《东芝百年史》。

---

**注释：**

1 土光敏夫（1983 年），《我的履历书》（日本经济新闻社）第 155 页。
2 东京芝浦电气株式会社（1977 年），《东芝百年史》（同公司）第 103~104 页。
3 池田政次郎监制，产业劳动出版协会编辑发行（1989 年），《昭和人类记录·土光敏夫大事典》（产业劳动调查所发售）第 190~191 页。
4 同上书，第 185 页。
5 同上。
6 上述《东芝百年史》第 109 页。
7 上述《我的履历书》第 156 页。
8 同上书，第 160~161 页。
9 《昭和人类记录·土光敏夫大事典》第 191~192 页。

10 堀江义人（1999年），《信念之人土光敏夫——想象的原点》（三心堂出版社）第197页。

11 上竹瑞夫（2011年），《土光敏夫无私的人》（学阳书房）第167页。原书是上竹瑞夫（1995年），《土光敏夫无私的人》（讲谈社）。

12 上述《东芝百年史》第112页。

13 同上书，第116页。

14 同上书，第119页。

15 同上书，第119~120页。

16 同上书，第126~127页。

17 同上书，第135页。

18 同上书，第136页。

19 同上书，第132页。

20 出町让（2011年），《清贫与复兴——土光敏夫的100句格言》（文艺春秋）第111~112页。

21 上述《东芝百年史》第200页。

22 同上书，第139页。

23 同上书，第140页。

24 同上书，第141页。

25 同上书，第160页。

26 同上。

27 同上书，第147页。

28 上述《我的履历书》第165~166页。

29 上述《昭和人类记录·土光敏夫大事典》第193~194页。

30 上述《我的履历书》第173页。

# V 经团联会长时代

## 成为经团联会长

1972年（昭和四十七年）8月，土光敏夫从东芝社长的位置退下来还没能好好歇口气儿，就在1974年5月被选任为第四代经团联（经济团体联合会）的会长。

"财界名医"终于从个别企业的私人医生变成了整个财界的名医。

土光敏夫从1968年开始就在第三代经团联会长植村甲午郎麾下担任副会长，当时邀请他担任副会长的人正是请他担任东芝社长的石坂泰三。土光犹豫是否要就任第四代经团联会长时，找过第二代经团联会长石坂泰三商量。石坂只回答了土光一句话："去做不是很好吗？"[1] 土光回忆起石坂，说道："石坂学识渊博、懂得识人、有远见，我可以从他身上学习数不清的东西。"[2] 石坂泰三先生于1975年3月6日驾鹤西归。

**在暴风雨中出海**

土光敏夫就任经团联会长的1974年（昭和四十九年），可谓是多事之秋。土光敏夫回忆道：

> 我就任经团联会长的昭和四十九年（1974年），被称为'经济乱世'。在昭和四十八年年末，石油危机爆发，（原油的）价格骤然上涨4倍，由此引发了大规模的通货膨胀和经济萧条。我就在这狂风暴雨中就任了经团联会长。那时候各个企业都十分困惑，到底是向左走还是向右走，谁都无法做出准确的决策。再加上洛克希德事件的发生，使得国会疲于应对，没有一个经济政策得以出台。如此持续下去，企业和国民有可能会两败俱伤，因此我们决定拉起"行动的经团联"的旗帜。[3]

在经济团体联合会发行的《经济团体联合会30年史》（1978年）中这样记载1974年前后的市场走向：

> 昭和四十八年（1973年）的第四个季度，市场景气达到顶峰后开始衰落。之后到了昭和五十年的第一季度，经济衰落到谷底，严重的大萧条仍然持续着。

> 这次经济大萧条还伴随着通货膨胀，即所谓的停滞性通胀。四个季度的数据显示，昭和四十九年第一、第二季度，批发价格较上一季度年利率上涨35%，消费者物价截至昭和四十九年秋上涨了十几个百分点。其他方面，昭和五十年第一季度的矿

工业生产总额同比减少16%。昭和四十九年度的实际GNP（国民生产总值——引用者注）同比减少0.6%。这是第二次世界大战后GNP首次负增长。[4]

在第二次世界大战后经济首次负增长的狂风暴雨中，"经团联土光号"正式出海了。

### "行动的经团联"

第一次石油危机爆发时，物价上涨十分迅猛，就在这时土光敏夫就任了经团联会长。这一时期，正好洛克希德事件被曝光，社会上对财政勾结的批判日益激烈。

举起"行动的经团联"旗帜的土光会长，像在东芝就任社长时一样，开始"周游全国"，访问全国各地的会员企业和经济团体。另外，他还积极会见政府、自民党的干部，反复提出建议和期望。土光回顾道："当时，副总理兼经济企划厅长官福田赳夫等人回忆说：'这一年，土光没少朝我怒吼。他哪里叫土光啊，简直应该叫怒吼（日文发音中土光和怒吼相似）。'其实我绝对没有发怒，我本身说话声音就大，讨论得激烈时，就会不由自主地敲桌子。可能就被当作是发怒了吧。"[5]

作为"行动的经团联"的会长，土光见了很多人，也说了很多话。

我奉行见面的原则，在经团联担任会长时，一天最少见10个人，最多的时候见了40多个人。与人见面，交换意见，向人学习，也是"行动"的一部分。[6]

1975年（昭和五十年）4月，开始担任经团联秘书科长的居林次雄，在1993年发行的《财界总理贴身录——与土光敏夫、稻山嘉宽的那七年》中详细记载了土光在经团联里工作的样子。居林次雄是土光担任经团联会长一年以后成为秘书的，他在书中这样回顾道：

土光在石油危机之后想要努力挽救经济不振的状况，就任经团联会长以来的一年间也持续做出了很多的努力，然而并没有取得什么成果，所以他对经团联事务局抱有极大的不满和不信任感。的确，土光每天早晨七点半出勤，早早来到事务局，马不停蹄地做出这样那样的指示。他认为如果不能快速回复，就是无法做到"快速回应"的失职行为，所以我想当时经团联事务局的工作人员，很难及时处理他的指示。[7]

要求"快速回应"的急性子土光会长，和在土光看来慢吞吞的事务局之间，一开始确实存在着些许"沟壑"。但是随着时间的磨合，沟壑一点点被填满。而后，经团联开展活动的风貌就焕然一新了。土光讨厌的夜晚宴席次数渐渐减少，会议一般都安排在白天进行。居林回顾说："土光担任会长以前，经团联的会议大多也在白天进行，但有时不得不调整到晚上，必要时还会安排晚餐会。土光绝不出席一切夜晚的会议，尤其是在饭店的会议。和政府高官与政治家等大人物商议重要的政策，一般来说还是夜晚安排在的饭店比较容易，大人物们的日程十分紧凑，即便是晚餐时间，如果不提前预约也很难安排。大臣或者党干部等领导的时间安排就更加紧凑，无论是白天还是夜晚，想要召开紧急会谈都是很困难的。

但是，为了打破石油危机之后经济不振的状况，必须尽早推出一系列的紧急经济对策。此时，土光宣布召开早餐会。无论多么位高权重的人在早餐时都会有时间，所以这是一个紧急集合大人物的绝佳时机。土光如愿以偿，经团联在石油危机之后推出的经济对策，大都是在早餐之前提炼，然后在接下来的早餐会上同政府、执政党商议后实施。

当然，除了早餐会，白天也会召开许多必要的会议。有时候土光还会去总理官邸，在高层会谈上与总理商议。多亏了早餐会，由土光提出的主张有许多都变成了实打实的政策。很多一开始并不认识土光的人，后来也纷纷支持土光所提倡的经济复苏对策。经过重重磨难，我们终于战胜了石油危机之后的艰难的经济萧条。[8]

与在IHI和东芝时一样，土光在经团联也用充满活力的行动，打破了空气中的死气沉沉，让组织活跃起来，慢慢地孕育出成果。

**以经济复苏为目标**

土光自1974年（昭和四十九年）5月开始就任经团联会长后，立即为了复苏经济而行动起来。首先，必须废除上一年年末政府推出的统管物价和抑制总需求的政策。土光的前任经团联会长植村甲午郎警告道："这种政策长此下去，如果负担超过了企业的承受能力，很可能会触及自由经济的根基。"[9]

1974年夏季，问题的焦点从废除统管物价转移到了实施经济恢复政策上。但是，当时抑制总需求政策并没有被废除，所以无法推出真正有效的经济恢复政策。

1975年，政府终于开始推出经济恢复政策。同年3月，1973年12月以来一直保持在9%的公定步合（官方利率）下降0.5%。但是，由于担心物价问题，抑制总需求的政策并没有正式下台，新政策只是一点点推进的缓和措施，恢复经济的效果很有限。

土光会长率领的经团联，在1975年4月，整理的《关于目前经济运营的见解》指出，为了稳定物价和克服经济不振，要实施可以降低企业成本的财政、金融政策，同时要尽最大可能地从企业的成本增加因素中吸收经验。另外，5月的定期会议决定采取以下的决议，即"纠正企业为了早日恢复经济而采取的赔本操作才是真正的物价政策"[10]。经团联在这之后，"应经济界要求和强化经济恢复政策的呼声，开始试图劝说政府和自由民主党尝试以下调官方利率为中心的货币宽松政策、扩大财政支出、发行赤字国债。结果，政府在9月（1975年9月）通过了财政、金融、中小企业、贸易、雇用这5项的第4次恢复政策，在11月根据这些措施采取了成立补正预算、增添以发行公债为前提的公共事业等复苏政策。这才突破了瓶颈"[11]。

就这样，从第二次世界大战后，首次负增长的严重经济危机的恢复过程中，土光带领经团联发挥了主导的作用。另外，因为经济萧条太过严重，所以，此时经团联积极主张发行赤字国债等扩大公共事业的行为被大家所关注。

### "克服石油危机的优等生"

1975年（昭和五十年），开始从经济萧条中走出来的日本经济又走向了何方呢？下面我们就来看一下接下来的发展吧。

在1973—1974年的第一次石油危机发生之后，1978—1980年紧接着爆发了第二次石油危机。第二次石油危机的起因是1978年12月的伊朗革命，这次革命也引发了原油价格的大幅上升。第二次石油危机拉长了日本经济的低速成长期，但是这次危机的程度比第一次石油危机小很多。因为在第二次石油危机发生时，全国上下正在进行全民节能和去石油化的运动，从各种层面来看，这一次是多亏学习了第一次石油危机的经验教训。

在此，需要关注的是，虽然第一次石油危机时，日本的经济增长率比以前下降了很多，但是比起欧美先进国家，还是维持在比较高的水平上。只要发现了这个相对的高速成长的事实，那么比起用"低速增长"来概括20世纪70年代中叶之后的日本经济，"稳定增长"也许更为合适。第一次石油危机之后，日本经济之所以可以继续稳定增长，是因为日本的企业拥有良好的雇佣关系和长期的企业合作关系，并且能够制定长远的经营战略，开发符合市场需求的节能产品，以及彻底优化生产工序。因此，在经济增长率低下的石油危机后，日本企业的国际竞争力反倒增强，吸引了更多的国际目光。1979年，哈佛大学教授傅高义出版了《日本第一：对美国的启示》（Japan as Number One: Lessons for America）一书，这本书也成为经典畅销书。

石油危机之后，许多西方先进国家的经济萧条与通货膨胀并行，陷入了停滞性通胀之中。而最早从停滞性通胀中走出来的不是别国，正是日本。于是在国际社会上，日本被看作"克服石油危机的优等生"。

**关心能源问题**

让我们再次把指针拨回 1974 年（昭和四十九年）。第一次石油危机发生之后就任经团联会长的土光敏夫展示了对能源问题的强烈关心。土光是这么思考的：

说到能源，当然首先就会想到石油。因为我们遇到了石油危机，所以能源问题是目前最值得关注的问题也是理所当然的。再者，无论对于经济还是对于国民生活，能源都是最重要的问题。

如何获取资源是能源问题首要的一环，这就波及技术开发、核能，还有贸易、产业构造、社会结构等的方方面面。往大了说，国家的所有政策都可以说和能源问题息息相关。[12]

根据土光会长的思考，经团联和能源综合推进委员会以及日本原子力产业会议于 1977 年（昭和五十二年）1 月，联名起草了关于能源政策的意见书，并提交给 1976 年 12 月刚刚成立的福田赳夫内阁。"这份意见书呼吁政府重视财源的基础、积极推进能源外交、努力获取国民的理解和同意这三点，并要求政府快速确立一份有实效的综合能源政策。"[13]

经团联为了意见书得以实现，还努力参与了跟踪体制的创建。意见书提交之后的 2 个月，也就是 1977 年 3 月，经团联、能源综合推进委员会、日本原子力产业会议、电气事业联合会、石油联盟、日本瓦斯协会、日本煤炭协会 7 家团体联合组建了综合能源政策实行促进民间会议（实行促进会议）。关于这个实行促进会议，《经济团体联合会 50 年史》是这样讲解的：

> 这些组成团体的成员之间的联络历来都不够充分，很零散地各自跟进能源政策。而促进会就是在反省了这个问题的基础上成立的，它维持了相关团体之间密切合作，在努力协调民间意见的同时，对政府的阁僚会议等相关方面实行窗口一体化，以强化自身的影响。于是，集结了能源领域民间力量的体制由此诞生。[14]

此后，自 1978 年年末到 1979 年，以伊朗革命为导火线，在世界范围内爆发了第二次石油危机。1978 年 12 月大平正芳内阁成立，经团联再次与能源综合推进委员会以及日本原子力产业会议联名总结了题为《关于综合能源政策的推进》的建议书，并于 1979 年 2 月由土光会长亲自转交给大平首相。

这份建议"与交给福田内阁的意见书一样，要求重视财源的基础以及获取国民的理解和同意。另外，已经成立的能源对策推进阁僚会议，未必能完全满足民间的期待，在能源领域各省厅或者中央省厅与地方自治体之间也有许多错综复杂的关系，所以希望能从国政整体的立场上，并在总理大臣的主导下进行充分的讨论"[15]。

## 去石油化与节能

在能源问题上，土光最关心的是去石油化、节能、资源获取、核能开发等问题。

在去石油化方面，1980年（昭和五十五年）5月政府颁布了《促进石油替代能源的开发及导入的相关法律》（石油替代能源开发导入法）。《经济团体联合会50年史》讲到这部法律时说："截至1990年日本的能源需求中对石油的依存度为50%（1973年的石油依存度为76%——引用者注），该法以降低对石油的依存度为目标，并在导入石油的替代能源这一事业上起到了非常巨大的作用。经团联在该法律成立之前率先数次与通产省交换意见，他们强烈建议，石油替代能源的导入终归是建立在经济和技术合理性的基础上，这是要交由民间业界做出主要判断的问题，政府管制是不好的。"[16]

根据这部法律，以新能源技术的开发推进为母体，1980年10月新能源综合开发机构（NEDO）成立。机构的建立没有采取当初通产省提出的公团形式，而是在一定程度上听取了经团联的意见，采用了官方民间共同出资的特殊法人形式。

经团联还在液化天然气、水力、地热、太阳能系统的扩大利用和节能推进方面，反复向政府提议。例如，1979年3月，"土光会长向江崎真澄通产大臣提出，明确国家能源政策中地热能源的定位、确立相关省厅的合作体制、强化通产省的推进体制，为实现地热开发目标（1985年度50万~100万千瓦）确立辅助体制、调整环境行政、简化许可证批准程序"[17]。

1982年，关于去石油化和节能相关的问题，土光的回忆如下。

现在从结果上来看，石油危机以后，民间企业所做的贡献可以称得上是一个奇迹。比如，从颁布节约能源号令的第二年开始，粗算每年节减了10%的石油消耗量。昭和五十年（1975年）的石油消耗量还是3亿千公升，到了昭和五十二年就减少到约2.6亿千公升，昭和五十五年已经减少到2.4亿千公升。

打个比方，以前制造一吨铁需要使用37公升的重油，因为换了媒介，所以每吨产量使用的重油下降到原来的一半以下，只需14公升，现在八成的高炉已经不再使用重油，水泥产业也渐渐不再使用重油。诸如电视机、冰箱等消费品，也被制造成了惊人的节能型产品。不光是产业努力响应节能号召，普通的国民也通力合作。这样的国民社会，世界上应该找不到第二个吧。我再次向勤劳的日本国民表达我诚挚的赞美和敬意，作为其中的一员我感到无比的自豪。[18]

土光大力评价了石油危机之后日本企业和国民为去石油化和节能所做出的努力，他甚至使用了"奇迹"一词。

**核能开发**

土光敏夫认为，日本在石油危机之后，作为去石油化的方案，开发核能拥有了更重要的意义。他说：

我从昭和三十年（1955年）开始关注核能。我预测，在未来核能一定会成为能源的中心。我在石川岛的时候，很早就在技术研究所建立了"核能研究班"，到了东芝以后，还建立了石川岛和东芝两公司的共同研究团队。另外，我还和美国的通用电气公司缔结了技术合作关系，成功导入了发电用沸水反应堆（BWR）的技术，使发电用反应堆的国产化成为可能。

在日本核能发电的敦贺发电所、东京电力福岛第一核电站1号炉的建设过程中，东芝只是通用电气公司的分包商，从中部电力滨冈发电所1号炉开始，东芝已经变成了主承包商。我再三强调，可以导入外国技术，但是绝对不能盲目依靠。之所以这么说，是因为从藏前（东京高等工业学校——引用者注）毕业以来，我作为技术人员接触了很多舶来品，而这些舶来品经常会发生许多故障,日本应该拥有自主技术。成为经团联会长以后,我依旧拼命呼吁,在进口原子反应堆时不能一味依赖外国产品。[19]

本书曾经引用出町让的著作《清贫与复兴——土光敏夫的100句格言》中立花宏关于土光的趣闻(参照108页——原书)。土光重视自主技术的态度可见一斑。

土光也密切关注着核电站的安全性问题。出町的著作中还有一段原经团联专务理事立花关于20世纪70年代后半叶的回忆。

虽然已经过去了30多年,但立花的记忆仍然鲜活。"土光是技术人员出身,所以一旦核设备发生故障,他就会马上赶往现场。首先仔细听取现场技术的意见,然后根据自己的经验给出建议。现场的技术人员们在分析完事故原因后,往往讶异于他给出建议的正确性。"就任经团联会长后,土光也拥有着超越现场技术人员的经验和知识。福岛第一核电站1号机在运转开始后经常发生事故(管道的应力腐蚀开裂),导致反复停运。土光前去视察了好多次,在现场一边观察图纸一边听取解说,很快判断出事故原因是焊接错误,他将这一情况告诉东电的首脑,甚至还给出了今后如何处理的建议。关于核电站事故,土光主张"为了不再发生同样的事故,各个电力公司和厂家不能闭门造车,应该共享信息"。他认为,在发生事故这一层面上,没有东京电力和关西电力的区别,也不要有东芝和日立是竞争对手的想法,而是要秉承"全日本"的理念,共享事故的信息。

另外,美国的三哩岛发生事故时,土光还号召大家"为了不让这类事故在日本发生,应该彻底研究清楚该事故"。[20]

### 对政治捐款的忠告

1974年(昭和四十九年),刚刚就任经团联会长的土光敏夫,就政治捐款问题发出忠告,引起了社会的关注。以下是关于这一段历史的原委:

各个企业通过不懈努力好不容易度过了石油危机的萧条时代,而其他问题又接踵而至。首先就是昭和四十九年(1974年)8月,针对我的言论——经团联不能做政治捐款的代理商,原本捐款这种事情应该是个人的事情——社会上产生了一些混乱的局面。"有了财界的钱撑腰,土光恐吓起自民党来啦""那家伙真是政治白痴"等评论接踵而来。我只是希望保守党能够走上正道才一吐心中正论,完全没有一点私心。结果发生了很多纠纷,不过依靠整顿重编,最终解决了这个问题。[21]

不过经团联为什么成为政治捐款的窗口呢?其特殊的历史背景,还要从造船丑闻说起。居林的《财界总理贴身录》中提

到了经济界对土光发言的反应:

经济界看到土光提倡改革政治捐款,批判道:"土光不知道政治是需要花钱的吗?他是政治白痴吧?"经团联之所以成为政治捐款的窗口,还是从造船丑闻事件中吸取的教训。如果企业各自给政治家提供捐款,很容易要求政治家提供好处,形成贪污腐败的温床。经团联统一管理各个公司的政治捐款,以"经济再建恳谈会"的名义而不是单个公司的名义捐赠给政党的方式更加得当,因此才进行了这样的改革。[22]

批判土光是"政治白痴"的人可能认为土光不清楚这段历史,但问题是经团联刚开始担当政治捐款的窗口时,一年大概有9亿日元的政治捐款,但是到了20世纪70年代中期,就已经超过100亿日元。在大多数国民看来,经团联渐渐成为政界和财界"勾结"的元凶。正是国民的严厉目光,使得土光会长提出了改革经团联政治捐款的建议。因他的言论而展开的改革并没有取消政治捐款,所以改革后批判的声音也没有消失。但是,因为有时任总理大臣三木武夫的帮助,改革毫无疑问对政治捐款进行了许多制约。居林的《财界总理贴身录》中这样记载:

土光提出的企业捐款改革的内容,首先是经团联事务局不再负责直接募集资金,而改为政党自己募集。当时的总理是三木武夫,他根据政治资金规正法,以及企业资本多少重新设定企业对政党政治捐款的上限,接受的政党也要建立一个政治资金团体来负责接收政治捐款,另外企业对派系的政治捐款也设置了限度,还要求严格申报政治资金。这场改革与土光的目的如出一辙。[23]

被称作"第二次世界大战后最大的贪污事件"——洛克希德事件的曝光,是在土光要求政治捐款改革一年半之后的1976年2月。在这场事件中,原首相田中角荣被捕,影响广泛,国民严厉谴责政界和财界的金钱勾结。

回过头看,土光对政治捐款的忠告,如同"照亮黑暗的一抹光亮"一般,被广泛关注。他的清正廉洁,使经团联取得了国民的信赖。

## "不增税的财政重建"

在第一次石油危机时就任经团联会长的土光敏夫,为民间企业破釜沉舟地推进合理化改革,并最终成为"克服石油危机的优等生"而深受感动,也为能够率领这些企业走出危机而感到深深的自豪。20世纪70年代末期,土光批判的目光瞄准了相比民间企业来说更为臃肿且效率低下的行政体制。

1979年(昭和五十四年)12月,土光在经团联议员会议

上做了题为《80年代经济应由民间主导》的发言:

> 我国从第一次石油危机以前开始,为了预防资源制约发展的时代的到来,经济构造被迫从快速成长型转换为稳定成长型,但还未得到国民各阶层的理解,第一次石油危机就发生了。结果是我国不得不进行结构转型,各个企业呕心沥血推进合理化改革,为能够适应新的形势而拼命努力。如此看来,石油危机对我国经济来说,其实是一个结构转型的大好时机。快速成长型已然结束,但现在的政府机构依旧冗余。政府预算的结构也必须从快速成长型转换到稳定成长型。就像前些天的选举结果一样,国民需要的不是让大平内阁增税,而是节俭岁出,进行行政财政的改革。[24]

这段讲话明确提出了"不增税的财政重建"。从那以后,"不增税的财政重建"成为行政财政改革的口号,被国民广泛接受。

石油危机之后,经团联自身为了摆脱经济萧条,曾经请求通过发行赤字国债来触动财政。但是20世纪70年代末,摆脱石油危机后,经团联的主张明确更改为"不增税的财政重建",或者通过抑制岁出摆脱对赤字国债的依附。就这样,历史的滚滚洪流来到了20世纪80年代,这是土光敏夫最后的十年。

**注释：**

1 土光敏夫（1983年），《我的履历书》（日本经济新闻社）第175页。
2 同上书，第177页。
3 同上书，第179页。
4 经济团体联合会编（1978年），《经济团体联合会30年史》（经济团体联合会）第643页。
5 上述《我的履历书》第180页。
6 同上书，第181页。
7 居林次雄（1993年），《财界总理贴身录——与土光敏夫、稻山嘉宽的那七年》（新潮社）第14页。
8 同上书，第21~22页。
9 社会法人经济团体联合会（1999年），《经济团体联合会50年史》（经济团体联合会）第70页。
10 同上书，第71页。
11 同上。
12 上述《我的履历书》第184页。
13 上述《经济团体联合会50年史》第166~167页。
14 同上书，第167页。
15 同上书，第169页。
16 同上书，第176~177页。
17 同上书，第179页。
18 上述《我的履历书》第185~186页。
19 同上书，第188~189页。
20 出町让（2011年），《清贫与复兴——土光敏夫的100句格言》（文艺春秋）第110~111页。

21 上述《我的履历书》第183页。
22《财界总理贴身录——与土光敏夫、稻山嘉宽的那七年》第47页。
23 同上书,第46~47页。
24 上述《经济团体联合会50年史》第290页。

# Ⅵ 临调·行革审会长时代

**就任临调的会长**

土光敏夫连任三届经团联的会长,一干就是六年。此后,他又分别在1981年(昭和五十六年)3月和1983年5月担任临时行政调查会(临调)的会长与临时行政改革推进审议会(行革审)的会长。

临调是内阁总理大臣直管的咨询机关,在减轻国民负担、简化行政事务、优化国家机构、制定制度和政策、确定行政改革的方向等诸多问题上,提供了许多报告。行革审是为了监督临调报告的实施情况而在总理府设置的临时机关。

重建企业和改革经团联的事迹,使土光敏夫被广泛评价为"无私的人""有信念的人",虽然年事已高,但是没有人比他更适合担任临调会长和行革审会长。另外,临调和行革审要达到的行政财政改革的目标——不增税的财政重建,正是土光敏夫曾明确提出的建议,所以理应由他来担任会长。

临调曾经在1961年设置过一次（第一届临时行政调查会），确切地说，土光是在第二届临时行政调查会就任会长的（第二临调）。关于出任第二临调会长的过程，他回忆：

行政改革是一种社会改造，是一项改变国民意识的长期的国民运动。我不明白为什么必须要85岁的我来做这件事情，不过因为我对日本的未来并非毫不关心，所以只能接受。

最初得到消息是在昭和五十六年（1981年）1月。当时的行政管理厅长官中曾根打来电话，说一定要和我见上一面，我们见面时讨论的就是"担任第二临调会长"这件事。

我说："我已经80多岁了，而且还是明治时期出生的，现在在日本，明治出生的人连5%都不到了。不该特意跑来请我这样的老人家去啊。"我当时拒绝了对方。但是刚刚回到经团联，大槻文平和稻山嘉宽又过来劝说我担任会长。其间，铃木总理也发来了恳请，我拗不过便答应了。但是在3月16日临调会长的任免证书颁布前5天，就是11日我被总理叫去谈话，我向总理提出4条"提议事项"，分别是：

一、行政改革的实行，只能由总理来决定。既然我接受临时行政调查会会长一职，就会尽最大的努力发挥审议的作用，完成令民众满意的报告，与此同时也希望总理能够表明一定会推进落实报告的内容。特别希望总理能够不仅对各个省厅，对自民党内部也能发挥强有力的领导能力。

二、国民对行政改革满怀期待。虽然临调不必效仿美国的里根政权，但是临调最重要的使命之一，就是以彻底实现行政合理化的"小政府"目标，实现不增税为前提的财政重建。希望总理能够明确这一点。

三、行政改革的对象不仅仅是中央政府，还包括各地方自治体存在的问题，有必要从根本上优化日本整体的行政。关于这一点，希望总理说明自己的想法。

四、现在，最重要的是推进方案，在最大程度上释放民间活力，比如消除3K的赤字、整顿特殊法人、鼓励将政府企业移交给民营企业、消除国营企业对民营企业的压迫等。关于这一点，也希望总理说明自己的想法。

我把以上几点打印出来，作为我接受担任第二临调会长的条件呈递上去。铃木总理收到后，抓住各种机会再三强调"赌上自己的政治生涯"发誓一定办到。于是，第二临调成立，其中包括9名委员和21名专门委员。[1]

另外，文中的"3K的赤字"指的是国铁、米（粮食管理特别会计）和健康保险（政府掌管健康保险）的赤字（译者注：日文发音均以K开头）。

### 对行政改革的强烈愿望

土光之所以就任第二临调会长，是因为他拥有对行政改革的强烈愿望。促使他拥有这一愿望的契机，是一篇由"一九八四年团体"共同执笔的论文——《日本的自杀》，这篇论文刊登于1975年（昭和五十年）《文艺春秋》2月号。

这篇论文将日本的未来与罗马帝国衰落的过程对比，称这两者有着相似的结构，"心脏部位的繁荣→放纵和堕落等成为富饶的代价→共同体的崩溃和大众社会状况的出现（此处有删减）→增长的福利支出、通货膨胀和市民活力的丧失→个人主义和极端平等主义的泛滥→社会解体[2]"，该论文给日本敲响了警钟。另外，作者团队名字当中的"一九八四"，借用英国作家乔治·奥威尔1949年出版的著名小说《一九八四》的题名，这部作品描绘了一个被分割统治的、恐怖的未来世界，类似于斯大林体制下的苏联的极权主义国家。

《日本的自杀》引起了土光强烈的共鸣，"必须让更多的人读到这篇论文，经过出版社的同意，我复印了几万本分发给相关企业"[3]。接着，他继续做出行动：

为了阻止日本社会走向崩溃，必须进行行政改革的手术。关于这件事，其实我在昭和五十年（1975年）5月经团联总会的演讲中已经提到。

自那以后，我一有机会就向政治家和同僚们主张行政改革的必要性。这样做可能略显越俎代庖，但是考虑到我们国家的将来，即使不合适也不得不触及这个问题。时任的福田总理和大平总理也十分理解，但是一旦到了真正实践时，就变得无从下手。

昭和四十九年，我担任经团联会长以后，日本经济陷入瞬息万变的湍流之中，在困境中挣扎。石油危机、通货膨胀、经济萧条、能源、资源、贸易摩擦等问题层出不穷。

面对这些困难，各个企业纷纷减量经营、节省能源、优化节约，终于渡过了难关。现在，虽然还有很多问题，但是当时出台的措施也可以算是成功的应对政策。

民间不管怎样，总算是安稳了。但是看看官方，却完全没有一点动静。想要成为福利国家是可以的，但是财政性通货膨胀日益严重，政府却连一点节约和优化的态度都没有，而且，还总是简单地提"增税,增税"。昭和五十四年，我终于忍不住说："先把行政改革的问题解决了再说增税。行政改革不成功，我是不会听取那些'增税'意见的。"[4]

从这段话中我们可以知道，土光之所以强烈希望行政改革，是因为石油危机之后，民间企业已经从"减量经营"的实践中得出了经验，而政府部门改革却没有一点进展，他感到十分生气。也正因如此,他的主张也拥有了强大的说服力。


**第一次报告**

土光敏夫担任会长的第二临调,经常被人们称作"土光临调"。土光临调一共做了五次报告。

◎第一次报告:1981年(昭和五十六年)7月(1982年度预算应采取紧急措施)

◎第二次报告:1982年2月(授权等的合理化)

◎第三次报告:1982年7月(基本报告)

◎第四次报告:1983年2月(行政改革推进体制的应有形态)

◎第五次报告:1983年3月(最终报告)


1981年7月土光临调的第一次报告,以1982年度预算应采取的紧急措施为中心。报告结束之后,经团联召开例行理事会,土光会长在会上讲到"本次报告可以将赤字国债的发行量减少大约2万亿日元"[5]。但是,第一次报告申请的内容并没有实现。《经济团体联合会50年史》中详细说明了其中的原委:

在1981年年度预算中,铃木首相发布《财政再建元年》,宣言要将国债减少2万亿日元,然而同年的财政收入不足,仅达到33342亿日元，所以政府不得不收回决算调整资金，并从国债整理基金中借取资金。除此之外，1982年年度预算超过6万亿日元，由此预见税收将大大不足，因此该年度不得不增发了39050亿日元的国债。1982年度的国债发行额也刷新了史上最高纪录，财政再建的诺言基本不可能实现。为此，铃木首相在1981年11月30日内阁改造之后的发言中讲到"我们不得不重新探讨一种税制改革措施，以实现在不增税基础上的财政再建"，并在1982年度预算编成之际，明确了重新评估租税特别措施、强化应酬费课税、为重估呆账准备金而给企业增税等想法。这些方针"削减岁出的努力不足。首相的方针违反了在不增税基础上的财政再建的考量，打破了筹建临调时候的约定"，与土光敏夫临调会长的意见大相径庭。不顾经济界反对的声音，铃木首相仅仅把"增税"的说法换作"增收"，与创建大型新税划清界限，实施在已有税制框架内的3480亿日元的企业增税。"不增税基础上的财政再建"[6]的基本方针实质上被瓦解。

### 第二次报告与第三次报告（基本报告）

虽然第一次报告中的提议并没有实现，但是第二次临调（土光临调）依旧不断针对"在不增税基础上的财政再建"进行提案。首先，1982年（昭和五十七年）2月的第二次报告，汇总了24个可以进一步改善的审批程序。第二次报告的内容编入了同年7月颁布的审批批量处理法，精简了基于独占禁止法国际契约的呈报，开放了根据改正后的公众电气通信法实施的通信线路。

紧接着，第二临调在1982年7月进行了第三次报告。在2012年（平成二十四年）5月总务省行政管理局发行的文书（《迄今为止的行政改革的经纬和理念》）中，总结土光临调在第三次报告上的"基本报告"概要：

·提出今后我国的2个行政目标：①建设有活力的福利社会；②对国际社会产生积极的贡献。

·当前最重要的课题是，重估快速成长期以来行政的冗杂化程度。有必要对行政服务的水平进行基本的重估，为了重估现行的行政制度和政策，临调提出了以下4个观点：

①变化地应对

·从重点对民间的指导、规定、保护的行政，过渡到以民间活力为基本，重点定向、调整、补全的行政。

·对海外的商品、服务、人才市场的开放转换为更加积极的对外政策等。

·将政府直营事业中适合民间部门自主运营的事业进行民

营化改革。

④ 综合性的确保

·通过内阁强化综合调整职能和再编、统合省厅，以及省厅间积极进行人事交流、情报交换等确保行政的综合性。

·一方面确保身边的地方公共团体能够很好地为居民提供行政服务，另一方面确保国家整体行政的综合性。

⑤ 简化、高效化

·通过不断简化和高效化的措施，防止公共部门为了自我利益扩大人员和预算规模。

·仔细考虑现在各项工作的必要程度，减少不必要的工作量以节约人员和预算。

⑥ 确保信任度

·通过积极回应对公共事业、补助金交付等的意见，以及公开行政机关的信息等措施，提高国民对政府的信任度，将行政转换成一个与国民心意相通的、民主的、确保公平性的行政。

除了提出这4个观点，第二临调的第三次报告（土光临调的基本报告）还记载了农业、社会保障、文教、国土、住宅·土地、能源、科学技术、外交、经济合作、防卫、税制等各个领域行政措施的具体改革方案。

后面我们还会介绍到临时行政改革推进审议会（行革审）

的《今后行政财政改革的基本方向》(1986年6月),在这些改革方案提出大约4年之后,临调还会检查方案的落实情况,并公布土光临调的基本报告是否正在有条不紊地施行。

但现实是,第二临调的报告并非顺利施行。《经济团体联合会50年史》中,详细说明了第二次报告和第三次报告实施过程中发生的种种状况:

这期间,在围绕行政、财政改革的议论中,反映经济衰退、阻碍行政改革的倾向十分明显。第一,有议论提出,为了防止景气衰落,是应该先实施应对方案还是先进行财政改革。关于这点,有报道指出土光临调会长说过"发行国债应该是一种应对经济衰退的对策",但这并没有传递出他真正的意思。第二,关于减税问题,在野各党强烈要求减税1万亿日元,这致使国会没有得出任何有价值的成果,且成了制约财政再建最大的因素。第三,伴随着岁入递减,国债增发等违反"在不增税基础上的财政再建"的动态增多。第四,伴随着临调审议的具体化,官僚和政治家施加了各种压力。[7]

在这样的情况下,发生了一件有关土光的逸事,使他被后世称为"目刺土光"(译者注:"目刺"是一种晒干的鱼干。指土光不爱奢华,形象朴素)。

## "目刺土光"

关于土光敏夫最著名的一件逸事,发生在第二临调第三次报告的前一周。1982年(昭和五十七年)7月23日,《NHK特集 85岁的执念 行政改革的面容·土光敏夫》在电视台播放,引起了巨大的社会反响。电视中土光夫妻晚餐的菜单里,只有目刺、青菜、味噌汤和玄米饭。广大国民都惊叹道,这位站在财经顶端的人物竟然有如此朴素的生活作风,大家从节目中深深体会到了节俭的重要性。人们也看到了土光为行政改革所付出的努力,纷纷被他认真的精神感染。通过这次节目,"目刺土光"这个形象一炮而红。这件事证明了土光在人生的晚年,仍然一直在践行"贯彻精进"以及"率先垂范"的精神。

山冈淳一郎《骨气——经营者土光敏夫的奋斗》(平凡社,2013年)中讲到,这个NHK节目的策划人是居林次雄。关于这件事,居林也在《财界总理贴身录》里提到:

我们和NHK约定好,要在土光家拍摄晚饭时的画面。在土光好不容易有点空闲的时候,我向他汇报了这次NHK电视拍摄的事情。土光冰冷地拒绝道:"不行,这可是公私混同,不好吧。作为经团联会长,在公事上不得已可以上电视,但是在自己家吃晚饭也被拍进去可真是让人难办。"

但是我已经和NHK约定好拍摄,所以无论如何也要取得土光的同意。于是，我问他："会长，您知道为什么政治家和官僚不愿进行改革吗？""不，不知道。"他回答。我继续说："那是因为财界的人们每天吃着山珍海味，在新桥和赤坂的餐馆夜夜笙歌，然而他们却要求政府节俭。没有人会赞成这样的行政改革。"我又滔滔不绝地补充了改革受到的各种各样的阻碍。如果不让全国的观众看到土光这样朴素的生活，改革就很难成功。

土光稍微思考了一会儿说："是吗，这样的话也没办法。告诉NHK今天晚上来采访吧。"最后又加了一句，"但是，下不为例。"[8] 该节目播出后引起了巨大的反响，自从那期NHK节目播出以来，政府各省厅对行政改革的阻碍一下子都消失了。[9]

1982年8月，内阁会议通过了最大限度地尊重第二临调的基本方针，1个月以后，也就是1982年9月内阁会议通过《行政改革大纲》，该大纲总结了基本报告实行的具体步骤。

## 中曾根首相将推进行政改革板上钉钉

1982年（昭和五十七年）10月，铃木善幸首相突然宣布将不再参加自民党的总务会长竞选。曾在1981年担任行政管理厅长官，并邀请土光敏夫出任第二临调会长的中曾根康弘，于1982年11月成为内阁总理大臣。

1982年11月26日，土光敏夫和日本经济新闻社顾问兼第二临调代理会长的圆城寺次郎一起，被钦点与中曾根新首相在国会上会见。在上之乡利昭的《训斥总理的男人——土光敏夫的奋斗》一书中，详细记录了当时三个人见面的场景：

中曾根说："拜托各位来到临调的人是我。我希望能够推进行政改革，实现行政改革，就连睡觉时我都在想着行政改革。但是，日本还有外交等各方面的问题啊。"

土光说："虽然外交也有很多问题，但是，还是需要做好行政改革。"

圆城寺："土光会长也是连睡觉时也在思考着行政改革呢。虽然目前的局面可能很困难，但是必须要实现。"

土光："虽然问题很多，但是国民都很期待行政改革能够实现。"

中曾根："我想在第一次内阁会议上下令推进行政改革。但是也想减少昭和五十八年度（1983年度）预算的岁出，等这些想法都整理好，我想再和土光见一见。"[10]

这次会见仅有12分钟，但是土光对组阁前的中曾根新首相说："您可是逃不开行政改革了哦。"将行政改革的推进板上钉钉。此时土光准备的资料中写道：

一、走出行政财政的困境进行改革是当务之急，也是国民大为期待的事情。要推进行政改革，必须要有总理不懈的热情和强有力的指导，另外还需要内阁全体上下积极的努力。

二、在新内阁，要坚定不移地坚持"在不增税基础上的财政再建"，全力实现以编写昭和五十八年年度预算和推进国铁再建方案为首的过往报告的内容，与此同时也要果断地实现行政改革。

昭和五十七年 11 月 26 日
临时行政调查会会长土光敏夫[11]

### 第四次报告与第五次报告（最终报告）

中曾根内阁成立之后，土光临调不断完善有关行政改革的政策提案。1983 年（昭和五十八年）2 月，土光临调做了第四次报告，报告总结了行政改革推进体制的办法。同年 3 月发布的第五次报告是最终的报告，具体的内容如下所述：

有关行政改革的第五次报告（最终报告）
昭和五十八年 3 月 14 日

临时行政调查会

序章总论

1. 审议经过和全体报告的概述 / 2. 行政改革和财政再建 / 3. 行政的基本方向以及改革的要点 / 4. 今后行政改革的推进

第 1 章 行政组织

1. 改革的方向／2. 综合调整机能的强化等／3. 内部布局的合理化再编／4. 附属机关等的合理化调整／5. 自我改革和今后的课题

第 2 章 国企·特殊法人等

1. 改革的方向／2. 国企等的合理化／3. 特殊法人等的合理化调整／4. 特殊法人等的活化方案

第 3 章 国家和地方的关系以及地方行政

1. 改革的方向／2. 地方分支布局的合理化调整／3. 地方事务官制度的废止

第 4 章 补助金等

1. 改革的方向／2. 补助金等的合理化调整／3. 合理化调整的一般方案

第 5 章 审批等

1. 改革的方向／2. 审批等的合理化调整／3. 新设的审查和定期改革等

第 6 章 公务员

1. 改革的方向／2. 一般公务员制／3. 外务公务员制／4. 特殊法人等的职员

第 7 章 预算、会计、财政投资融资

1.改革的方向 / 2.预算、会计制度 / 3.特别会计制度 / 4.财政投资融资

第8章行政信息公开、行政手续等

1.改革的方向 / 2.行政信息的公开和管理 / 3.行政手续制度 / 4.OA等事务处理 / 5.公民权利代言人行政、申诉专员等行政监督、救济制度

后记

第二临调的最终报告如上所述，内容涉及广泛。虽然最重要的"在不增税基础上的财政再建"最终还是没能实现，但是其他的许多事项都开始有条不紊地实施。这中间就包括在中曾根内阁支持下进行的三公社改革，通过改革，日本电信电话公社和日本专卖公社于1985年4月，日本国有铁道于1987年4月纷纷实现民营化。

**成为行革审的会长**

1983年（昭和五十八年）3月，土光敏夫会长带领下的第二临调在结束第五次也就是最后一次报告之后解散。在4个月之后的1983年7月，土光敏夫就任临时行政改革推进审议会（行革审）的会长。

行革审是1983年7月成立的机构，目的是为了监督第二

临调的报告中提出的有关行政改革的各项方针有没有真正得以实施。这一次土光是应中曾根首相的邀请,担任行革审的会长。

1984年时,土光谈到了出任行革审会长的心情:

虽然我年纪大了,但是老年人有自己的思考日本前途的方式,所以我才接受邀请就任临时行政改革推进审议会的会长。日本如果照这样发展下去,无法迎接21世纪的到来。(此处有删减)几年前,西德的实际增长率还较高时,我问一位访日的西德经济界首脑:"贵国的失业率下降了吧?"然而对方却回答:"不,并没有。"比起努力工作被扣除高额的税金,西德的年轻人们觉得不工作领取失业津贴更划算,并且还会拿着津贴到海外旅行之类的。所以,那位经济界的首脑显露出了严肃的表情,他认为不只是西德,整个欧洲的经济想要恢复活力都是很困难的。我们看看自那之后欧洲经济的发展就知道,他们的不安并非杞人忧天。

与欧洲的地陷式经济衰落相比,现在被称作"西北太平洋地区的时代",这是因为以日本为首,韩国、中国台湾、中国香港、新加坡等地的经济发展令人瞩目。而支撑这些地方发展的动力之一,就是勤劳意识。

不过这对于日本来说不是问题,毕竟日本就是依靠勤劳意识和不懈的技术开发才迎来高水平的经济发展。但是,仅仅这样是无法支撑到21世纪的。我可能又要唠叨了,举个例子,就拿财政赤字来说，平均每个国民有百万日元以上的借款。可是日本正在以前所未有的速度进入老龄化社会，这样社会福利和退休金迟早都会陷入绝境，医疗也会成为一个大问题。虽然我们不是西德，但是在这种情况下大幅增税，年轻人的勤劳意识就会下降，日本就会患上高负担、高失业率的"发达国病"。真到那个时候，一切都晚了。所以现在是重新来过的最后时机。[12]

在同意担任行革审会长时，土光就已经对日本的未来抱有强烈的危机感，并且认为重新开始仍然来得及。他的根据就是日本人的勤劳意识和技术开发能力。

本书的第二部将会剖析土光的经营思想对日本经济的再生有什么意义，土光在1983—1984年的时代认识，现在仍然行得通吗？

### 《今后行政财政改革的基本方向》

1983年（昭和五十八年），土光敏夫出任会长的行革审开始了一系列活动。1986年（昭和六十一年），发布以《今后行政财政改革的基本方向》为题目的文书。关于临调报告等的实施状况，这部文书整理如下：

（1）行政措施

社会保障方面，为应对老龄化社会的到来，导入包含基础年金和确立妇女年金权等内容的国民年金、厚生年金等,确立共济年金的彻底改革法案,另外除了创设老人保健制度,还实施了包含重估支付水平和导入退休人员医疗制度等内容的医疗保险改革制度。

另外,在农政、文教、引导社会资本等领域也实施了一系列措施,如合理化减少食品管理体系的财务负担、育英奖学制度的改革、公共事业关系费的抑制、其他补助金等合理化整顿等。

(2)行政组织

第二次世界大战后首次正式统合再编中央省厅,设置总务厅,除了尝试强化人事和组织的综合协调功能外,还通过修正国家行政组织法,使行政组织规则更富有弹性,为了应对这些全新的行政课题,以运输省为首的10个省厅进行了内部再编。

(3)公社、特殊法人等

为了从专卖制度转向自由竞争制度,使专卖公社公司化,并向引领高度信息化社会方向的电子通信领域导入民间活力,电信电话公社的公司化和电气通信事业逐步向民间开放。此外,由政府建立的法人集团的民间化和事务高效化也在逐步推进。

(4)公务员

在总定员法的削减公务人员的计划之下,昭和五十七年度

（1982年度）到昭和六十一年度共减少1.8万人，包括国铁等三公社在内的全体政府部门共减少约13万人。

（5）其他

在国家与地方的关系方面，政府正在推进约260个项目的改革，包括有关地方公共团体行政运营中国家的参与和组织等的必要性规定的重审、合理整顿国家的机关委任事务、向地方公共团体移交权力等。另外，行政审批等方面，金融、运输规定的弹性化、驾照更新手续的简化等约400个项目的改革也在逐步推进。在政府的积极努力下，以"不增税基础上的财政再建"为开端的行政改革正在有条不紊地进行。除了上述的具体成果之外，面向21世纪更加彻底的行政改革的必要性，或者通过放宽规定来发挥民间活力的意义，也被国民的各个阶层所理解。特别是这些年减少岁出的努力得到了回报，确保了日本并没有发生临调成立时国民担心的通货膨胀。

《今后行政财政改革的基本方向》既肯定了第二临调报告以来的成果，也强调行政财政改革只是刚刚开始，并未成功。

从行政改革的整体现状来看，改革中还有许多不足之处，另外，刚刚开始分割和民营化的国铁今后的改革课题也并不少。所以，不得不说行政财政改革，现在仍是刚刚开始。特别是对行政责任领域的重审还不充分，彻底实现财政再建仍然还很遥远。预计在昭和六十一年（1986年）末日本国债余额将达到143万亿日元，利息费用将占到一般会计预算的2成，财政运营压力巨大。如果现在中断改革的步伐，不仅不能实现临调报告提出的目标，还会导致再度陷入不合理、无效率的冗杂行政的危险。从这个意义上来说，现在的行政改革正处在紧要关头。

行革审发布了《今后行政财政改革的基本方向》之后解散。土光会长所率领的行革审应该被称作"第一次行革审"，此后，大槻文平会长率领的第二次行革审在土光去世后的1990年（平成二年）4月完成了最终报告，铃木永二会长率领的第三次行革审在1993年10月完成了最终报告。土光对行政财政改革的热情成为遗产，在他去世后被后人继承。

《今后行政财政改革的基本方向》指出的遗留问题"国铁的分割和民营化"，在1987年4月实施。另外，"行政责任领域的彻底重审"，由中央省厅再编，也在2001年1月得以实现。

### 去世

1986年（昭和六十一年）6月，从行革审会长卸任的土光敏夫从所有的公务中引退。此后土光很少出现在人们的视野中，仅有的一次就是在1986年11月，土光站上盛大的舞台被授予勋一等旭日桐花大勋章。

土光敏夫于1988年8月4日去世。池田监制的《昭和人类记录·土光敏夫大事典》中记载了土光敏夫最后的时光。

昭和六十三年（1988年）8月4日早晨，土光敏夫在东芝医院闭上双眼。他在几天前对身边的人留下了这样的遗言："我一直在诵读法华经，日莲没有说过人死之后会到另一个地方。如果死后的世界分极乐世界和地狱，我一定毫不犹豫地选择去地狱，戏弄阎王和小鬼们一定很有趣。不管怎么说，我可是不能停下来的人啊……"这真是最合适"野蛮的僧人"土光敏夫踏上旅途的话语了。[13]

至此我们已经回顾了土光敏夫91年的人生历程。

人称"涡轮机土光"的他十分重视技术开发，直面危机临危不惧，不仅思考眼前的问题及解决方案，还追寻根本的解决方法；人称"财界名医"的他让石川岛重工业和东京芝浦电气获得新生；最后又成为"MR.行革"，挑战日本经济和日本社会的整体重生。

然而，日本经济和日本社会在土光去世之后，又陷入黑暗之中。

"失去的10年"成为"失去的20年"，对于至今仍未从危机的状况中逃脱的日本来说，土光的思考和行动方式，仍然是"指路明星"。

在第二部中，我们将剖析日本经济再生之路，深究土光敏夫经营思想在今天的意义。

---

**注释：**

1 土光敏夫（1983年），《我的履历书》（日本经济新闻社）第19~22页。
2 同上书，第16页。
3 同上书，第17页。
4 同上书，第18~19页。
5 经济团体联合会（1999年），《经济团体联合会50年史》（同会）第279页。
6 同上书，第265页。
7 同上书，第281页。
8 居林次雄（1993年），《财界总理贴身录——与土光敏夫、稻山嘉宽的那七年》（新潮社）第177~178页。
9 同上书，第179页。
10 上之乡利昭（1983年），《训斥总理的男人——土光敏夫的奋斗》（讲谈社）第78~79页。
11 同上书，第77页。
12 东京新闻编辑局编（1984年），《土光敏夫对日本的忠告》（东京新闻出版局）第189~191页。
13 池田政次郎监制，产业劳动出版协会编辑发行（1989年），《昭和人类记录·土光敏夫大事典》（产业劳动调查所发售）第106页。

第二部 考论

# 日本经济的重建和土光敏夫的经营思想
## 今天需要的是什么？

# I 土光的担忧成为现实

### "日本自杀"成为现实

本书的第一部已经讲到,土光敏夫之所以对行政改革抱有强烈的信念,是因为他看到了由"一九八四年团体"共同执笔的论文《日本的自杀》,这篇论文被刊登在《文艺春秋》1975年(昭和五十年)2月号上。

这论文发出警告,认为古代希腊和罗马帝国的衰落过程和日本的状况非常相似。土光对于这篇论文总结如下:

如果把罗马、希腊替换成日本也不矛盾。这也超出了研究团体("一九八四年团体")本身的预想,"通过这些历史资料的断片,我们越了解希腊和罗马的衰落过程,就越发感到我们日本的政治、经济、社会、文化面临着巨大的没落危机"。他们还讲到,"……日本未来如果衰落,以后的历史学家可能会效仿罗马,将日本称作第二罗马帝国"。最后,他还引用了塞浦路斯(迦太基主教)的名言发出了警告。

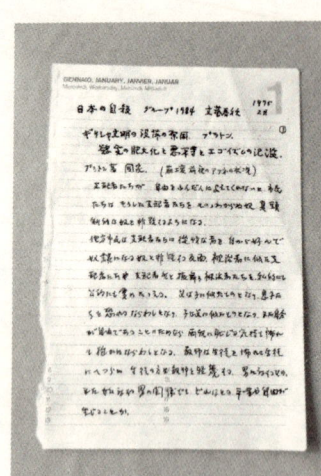

土光敏夫的《日本的自杀》亲笔的摘抄笔记。一共有 4 页（本书展示了前 3 页）。第 1 页的右上角写着刊号和日期——"文艺春秋 1975 年 2 月"。本书没有展示的第 5 页是 1975 年 2 月出版的书籍《经济学和公共目的》（J.K. 加尔布雷思，河出书房新社）的摘抄笔记。因此笔记很可能是在《文艺春秋》发售同时期完成的。（资料提供者：土光阳一郎）

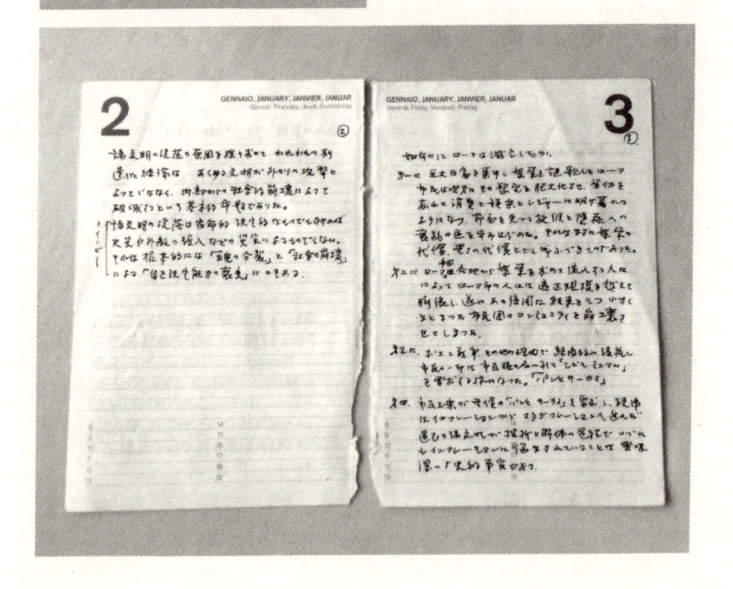

"你们应当认识到时代正在老去。现在的时代,不再像曾经那样拥有可以笔直站立的体能,也不再拥有曾经那样强大的活力和韧性。就算我们固守沉默……世界也会自己宣布。世界通过许多具体的证据,证明着自己的衰退。"[1]

土光和"一九八四年团体"一样,对日本的未来充满了强烈的危机感,因此"必须让更多的人读到这篇论文,经过出版社的同意,我复印了几万本分发给相关企业"[2]。

1988年(昭和六十三年)土光去世之后,土光的担忧变成现实。

1989年日本的年号从昭和改为平成,日本的经济繁荣在1989年到达顶峰,在此之后便开始跌入深渊,之前的繁华如同梦境一般不可追溯。

### 从"1989年最高峰"跌落

《钻石周刊》(DIAMOND社)2016年(平成二十八年)7月30日号,刊登了题为《狂热和挫折的"平成"经济录经济神话的终结》的特别报道。这篇报道的开头写道:

日本经济"神话"骤然消逝的时代——如果后世的历史学家回顾"平成"这个时代,一定会这样评价吧。在狂热和挫折的缝隙中,日本人已经几次三番目睹并发现支撑日本经济的"神话"只不过是幻想而已。1989年（平成元年）开始的平成之世，正是日本陷入疯狂的泡沫经济的时候。所有人都相信地价可以持续上涨的"土地神话"，而泡沫经济崩溃的现实才让人们意识到这些只不过是一厢情愿。还有在保护金融机构的《护送船团方式》之下形成的银行"不倒神话"，也在20世纪90年代不良债权激增的过程中，慢慢被剥去华丽的外衣，随着1997年北海道拓殖银行的倒闭而结束。此后，银行界陷入再编和淘汰的浪潮之中。

而另一方面，席卷世界的以电机产业为首的制造业"常胜神话"也成为历史。随着韩国、中国台湾等新兴势力的抬头，"日本制造（Made in Japan）"已经没有了往日的光彩。[3]

我们对比了1989年与2016年的数据，并列举如下：

◎股价：2016年与1989年相比，美国（纽约道琼斯指数）是不足7倍，而日本（日经平均股价）则还不到当年的一半。

◎日本的市盈率（PER）：1989年后半年超过60倍，2016年大概是14倍。

◎国内生产总值（GDP）：2015年与1989年相比，美国是3倍多，中国是2倍多，而日本是1.3倍多。

◎日本人口平均GDP国家排名：1989年第4位（美国第1位），2015年第26位（亚洲诸国中排名最前的是新加坡，第7位）。

◎经济增长率：在1989—2015年这27年间的平均值，美国是2.5%，中国是9.5%，日本是1.2%（包括6次负增长）。

◎日本政府的长期债务余额：1989年度末是254万亿日元，2015年度末是1041万亿日元，增加了约4倍。

◎日本政府的长期债务余额与GDP的比率：1989年是61%，2015年上升到207%。

◎日本的育龄（15~64岁）人口：1989年是8575万人，1995年达到峰值是8726万人，2016年6月为止是7650万人。

◎日本的公司创办登记数和开业率：从1989年16.6万和8.0%倒退到2013年9.6万和3.8%。

◎日本在世界贸易中所占的份额：从1989年的7.7%下降到2015年的3.8%。

◎日本的平均薪金（年）：从1989年的402万日元增长到1997年的467万日元，又下降到2014年的425万日元。

◎世界股票市值排名前50的日本企业：从1989年的32家激减到2016年的1家。

每一条数据，都如实讲述着日本经济从"1989年顶峰"开始下滑是何等严重。

如表14所示，世界股票市值排名前50的企业变迁异常迅猛。1989年，日本电信电话（NTT）排名第一位，日本银行和各家公司也纷纷抢占上游，日本企业不仅独占前5位，在前10位当中也占领了7个席位。然而到了2016年，进入排名前50的日本企业仅有丰田汽车排名第31位（1989年是第11位）。与此同时，进入前50的美国企业从15家增加到34家，不仅如此，美国企业在2016年的排行榜中独占世界前10位。而1989年没有进入排行榜的中国企业，在2016年的排行榜中也出现了5家（如果包括中国香港和中国台湾的企业共7家）。

《钻石周刊》的特别报道《狂热和挫折的"平成"经济录 经济神话的终结》中写道："若要夺回过去的荣光也许已经不可能了。"从1989年（平成元年）的顶峰跌落的日本经济，就没有再生的道路了吗？

笔者并不这么认为。第二部的下面各章，笔者将焦点聚集在日本经济和日本企业，首先探讨"跌落"的原因，探索再生的道路，然后再探讨在今天，为了拓宽再生之路，土光敏夫的经营思想仍然能够大放异彩。

表14 世界股票市值排名（前50位的变化）（1989年~2016年）

（单位：亿美元）

| 排名 | 1989年 | | | 2016年 | | |
|---|---|---|---|---|---|---|
| | 企业名 | 市值总额 | 国家 | 企业名 | 市值总额 | 国家/地区 |
| 1 | 日本电报电话公司（NTT） | 1639 | 日本 | 苹果 | 5468 | 美国 |
| 2 | 日本工业银行 | 716 | 日本 | 微软（谷歌） | 5171 | 美国 |
| 3 | 住友银行 | 696 | 日本 | 埃克森美孚 | 4242 | 美国 |
| 4 | 富士银行 | 671 | 日本 | 伯克希尔·哈 | 3932 | 美国 |
| 5 | 第一劝业银行 | 661 | 日本 | 撒韦 | 3612 | 美国 |
| 6 | IBM | 647 | 美国 | 亚马逊 | 3473 | 美国 |
| 7 | 三菱银行 | 593 | 日本 | Facebook | 3414 | 美国 |
| 8 | 埃克森 | 549 | 美国 | 强生 | 3387 | 美国 |
| 9 | 东京电力公司 | 545 | 日本 | 通用电气公司（GE） | 3026 | 美国 |
| 10 | 荷兰皇家壳牌 | 544 | 英国/荷兰 | AT&T | 2638 | 美国 |
| 11 | 丰田汽车公司 | 542 | 日本 | 中国移动 | 2467 | 香港 |
| 12 | 通用电器 | 494 | 美国 | 富国银行 | 2451 | 美国 |
| 13 | 三和银行 | 493 | 日本 | 雀巢 | 2440 | 瑞士 |
| 14 | 野村证券 | 444 | 日本 | 摩根大通 | 2339 | 美国 |
| 15 | 新日铁公司 | 415 | 日本 | 荷兰皇家壳牌 | 2302 | 英国/荷兰 |
| 16 | AT&T | 381 | 美国 | 沃尔玛商店 | 2301 | 美国 |
| 17 | 日立制作所 | 358 | 日本 | 宝洁 | 2294 | 美国 |
| 18 | 松下电器 | 357 | 日本 | Verizon通信 | 2280 | 美国 |
| 19 | 菲利普莫里斯 | 321 | 美国 | 腾讯控股 | 2266 | 中国 |
| 20 | 东芝 | 309 | 日本 | 中国工商银行 | 2233 | 中国 |

续表

| 排名 | 1989年 | | | 2016年 | | |
|---|---|---|---|---|---|---|
| | 企业名 | 市值总额 | 国家 | 企业名 | 市值总额 | 国家/地区 |
| 21 | 关西电力公司 | 309 | 日本 | 辉瑞公司 | 2222 | 美国 |
| 22 | 日本长期信贷银行 | 309 | 日本 | 罗氏控股 | 2198 | 瑞士 |
| 23 | 东海银行 | 305 | 日本 | 阿里巴巴集团控股 | 2045 | 中国 |
| 24 | 三井银行 | 297 | 日本 | 百威英博 | 2025 | 比利时 |
| 25 | 默克 | 275 | 美国 | 雪佛龙 | 2000 | 美国 |
| 26 | 日产汽车 | 270 | 日本 | 可口可乐 | 1974 | 美国 |
| 27 | 三菱重工 | 267 | 日本 | 诺华公司 | 1954 | 瑞士 |
| 28 | 杜邦公司 | 261 | 美国 | 中国建设银行 | 1744 | 中国 |
| 29 | GM | 253 | 美国 | 甲骨文 | 1717 | 美国 |
| 30 | 三菱信托银行 | 247 | 日本 | VISA | 1699 | 美国 |
| 31 | BT | 243 | 英国 | 丰田汽车公司 | 1698 | 日本 |
| 32 | 贝尔南 | 242 | 美国 | 家得宝 | 1696 | 美国 |
| 33 | BP | 242 | 英国 | 英特尔 | 1655 | 美国 |
| 34 | 福特 | 239 | 美国 | 默克 | 1634 | 美国 |
| 35 | 阿莫科 | 229 | 美国 | 沃尔特·迪士尼 | 1625 | 美国 |
| 36 | 东京银行 | 225 | 日本 | 康卡斯特 | 1623 | 美国 |
| 37 | 中部电力公司 | 220 | 日本 | 菲莫国际 | 1598 | 美国 |
| 38 | 住友信托 | 219 | 日本 | 三星电子 | 1597 | 韩国 |
| 39 | 可口可乐 | 215 | 美国 | 百事 | 1572 | 美国 |
| 40 | 沃尔玛 | 215 | 美国 | IBM | 1535 | 美国 |
| 41 | 三菱地产 | 215 | 日本 | 思科系统公司 | 1504 | 美国 |
| 42 | 川崎钢铁公司 | 213 | 日本 | 美国银行 | 1449 | 美国 |
| 43 | 美孚 | 212 | 美国 | 联合利华 | 1441 | 英国/荷兰 |

续表

| 排名 | 1989年 | | | 2016年 | | |
|---|---|---|---|---|---|---|
| | 企业名 | 市值总额 | 国家 | 企业名 | 市值总额 | 国家/地区 |
| 44 | 东京煤气 | 211 | 日本 | 诺和诺德 | 1436 | 丹麦 |
| 45 | 东京海上火灾保险 | 209 | 日本 | 台积电 | 1433 | 中国台湾 |
| 46 | NKK | 202 | 日本 | 奥驰亚集团 | 1353 | 美国 |
| 47 | 阿科 | 196 | 美国 | 中石油 | 1345 | 中国 |
| 48 | 日本电气（NEC） | 196 | 日本 | 联合健康集团 | 1338 | 美国 |
| 49 | 大和证券 | 191 | 日本 | 花旗集团 | 1308 | 美国 |
| 50 | 旭硝子 | 191 | 日本 | 安进公司 | 1224 | 美国 |

【来源】：《狂热和挫折的"平成"经济录 经济神话的终结》，《钻石周刊》2016年7月30日号第18~19页。

（注）1989年的信息来自美国《商业周刊》（1989年7月17日号）（《THE BUSINESS WEEK GLOBAL1000》）。2016年的数据是截至7月18日的数据。另外转自《钻石周刊》的单位：亿美元的小数点以下四舍五入，所以有市值相同但排名不同的现象。

## 日本经济在土光敏夫去世后逐步恶化

土光敏夫于1988年（昭和六十三年）8月4日去世。那时的日本正沉醉在泡沫经济的狂欢之中。1987年10月19日，所谓的"黑色星期五"爆发，纽约证券交易所的股价暴跌，美国经济乃至世界经济都很难从这件事情中恢复过来。而日本的东京证券交易所虽然在黑色星期五之后受到影响股价暴跌，但是却最早从股票疲软中恢复，连日创造历史最高纪录。1986年开始的"泡沫景气"。甚至有许多人认为，在第一次世界大战以前的不列颠治世（英国霸权）和第一次世界大战以后的美利坚治世（美国霸权）之后，日本治世（日本霸权）的时代终于要到来了。

土光敏夫正是在这样的时间点去世的。但是，他去世后没多久，日本经济就开始急遽恶化。进入20世纪90年代，泡沫经济崩溃，日本陷入长期而深远的经济低迷时期。20世纪90年代也成了日本经济"失去的10年"，然而持续的经济低迷在进入21世纪后仍未停止，"失去的10年"变成"失去的20年"，日本的世纪经济增长率从20世纪90年代开始到21世纪00年代的20年中一直处于低迷状态。在瑞士的IMD（国际经济开发研究所）每年发布的世界竞争力排行榜上，截至1992年一直保持第1位的日本，在20世纪90年代开始逐年后退，到了2010年已经跌到第27位。

换言之，土光对日本社会、日本经济的未来抱有的强烈危机感，最后还是成了现实。

**"安倍经济学"及其未来**

2012年（平成二十四年）12月，日本总选举中，一直掌握政权的民主党大败，自民党和公明党的联合政权复活，自民党的安倍晋三出任新一任总理大臣。安倍首相为了恢复在民主党政权下闭塞的日本经济，推出一系列被称为"安倍经济学"的新政策。在"安倍经济学"的"三支箭"中，不同层面的货币宽松政策和不同层面的财政刺激措施都有效地发挥了作用。但是，从严格的角度讲，不得不说这是"应该的"。货币宽松政策和财政刺激措施这两项都可以由政府主导自上而下完成。

与此相对，第三支箭的增长战略必须是由民间主导自下而上完成。政府可以做的只能是放松管制，这是增长战略的必要条件，但并非是一个充分条件。

所以增长战略成功与否，取决于民间设备投资能否顺利进行。然而在本书成书之时，"安倍经济学"还未做到这一点。

日本的消费税在2014年4月由5%上涨到8%，但是，上涨到10%的政策已经延期2次。"安倍经济学"的第三支箭——增长战略能否成功，现在还不为人知。

---

**注释：**

1　土光敏夫（1983年），《我的履历书》（日本经济新闻社）第16~17页。
2　同上书，第17页。
3　《钻石周刊》2016年7月30日号（DIAMOND公司）第8页。
4　同上书，第10~19页。
5　同上书，第11页。

# II 日本式经营与土光敏夫

### 日本式经营和日本经济重生

土光敏夫最害怕的事情就是日本经济像现在这样恶化下去。那么,在他去世以后,我们应该做些什么重振已经恶化的日本经济呢?

土光生前重组石川岛重工业和东芝时采用的"经营改革方法"也许能够给我们带来一些启发。这个方法与"日本式经营"也有着密不可分的联系。

开门见山地说,为了挽救日本经济,日本的企业必须主动进行改革,重新构筑日本式经营,充分发挥其优势。日本式经营,即"基于和谐的劳使关系,以实现公司员工利益最大化为目标"的经营方式,其最大的优势在于能用长远的目光进行必要的投资,实现企业成长和股价上涨,使公司员工利益与股东利益达成一致。由于保证了必要投资的资金,日本式经营能将分红率抑制在一个较低的数字。因此,虽然分红容易受到影响,但是作为补充的股价实现上涨，总体来说在日本式经营下的股东利益还是能够得到保障的。

日本经济持续低迷的根本原因，可以从日本式经营机制的功能缺陷中找到答案。

那么日本式经营是什么？我们可以想到，经常被人们提起的日本式经营的"三大神器"，即终身雇佣制、年功序列制和企业工会。这"三大神器"均与劳使关系有着密切的关系，因此可以毫不夸张地说，劳使关系是日本式经营的核心要素。从这一点看，日本式经营可以说是一种"基于和谐的劳使关系，以实现公司员工利益最大化为目标"的经营方式。

### "属于员工"的含义

"经营者企业"——专业经营者比企业所有者更加能够掌握经营的主导权的企业，在第二次世界大战之前日本的大企业中，还仍属于少数。但到了日本经济开始高速增长的20世纪50年代中期，"经营者企业"已经占据了主流。此后不久，围绕着日本大企业中普遍存在的"企业属于谁"这一问题，经营者和员工都给出了"属于员工"的回答（此时的经营者被视为员工的成功代表，包含在"员工"的范围中）。

相同的问题，若放在美国，回答是"属于股东"；若放在苏联，回答则是"属于劳动者"，都与日本截然不同。

在认为公司"属于股东"的美国，绝大部分企业的专业经营者必须按股东的指示行动，将抬高股价作为首要任务，因此盲目追求短期利益，无法用长远的目光看待问题。而且，经营者必须重视并合理分红，很多情况下无法为将来的投资保留充足的资金。

在回答公司"属于劳动者"的苏联企业中，劳动者都担心自己应得的部分减少，极力反对增加员工，这其实是在反对企业的成长。而且，由于企业之间不存在竞争，劳动者也经常对引进新技术表示抵抗。

那么与此相对，公司"属于员工"的日本大企业是怎样的情况呢？

日本成功地避开了曾阻碍美国和苏联企业成长的因素。结果，从20世纪50年代中期到20世纪80年代，实行日本式经营的经营者企业不断重申"成长志向型"的决策，为日本在世界范围内，实现经济的高速增长做出贡献。此外，属于经营者企业的日本大企业，不但通过企业间互持对方股票，保持股票价位，成功地避免了在20世纪60年代美国逐渐显现的"股东反革命"；而且，和苏联不同，日本能够成功组织为战胜其他企业而进行的员工竞争。

就这样，日本的经营者企业，完成了企业的长期发展，通过实现持续的股价上涨和改善劳动条件，使股东利益与员工利益达成一致。

**日本式经营和技术革新**

以和谐的劳使关系为基础的日本式经营，非常适合在生产一线孕育出累积的（incremental）技术革新。

这一点极为重要。"累积的技术革新"与激进的（radical）技术革新相对，是一种不断累积且持续产生的技术革新。

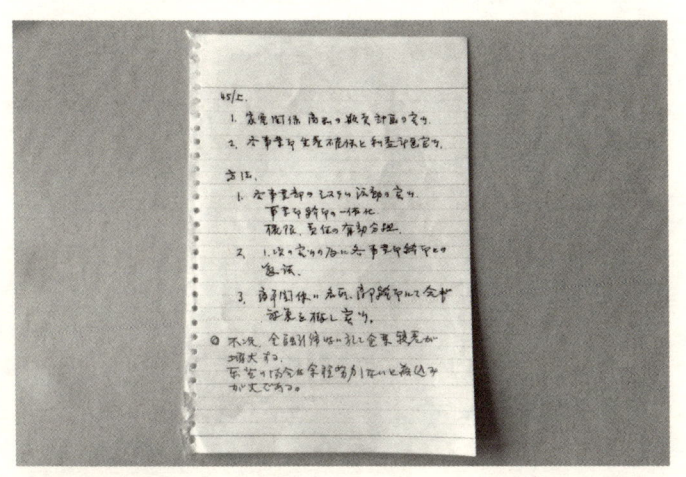

土光敏夫亲笔笔记。从左上方的"45/上"推断，应是作为东芝社长时期对经营方针的记录（资料提供：土光阳一郎）

第二次世界大战后的日本企业,在"应用技术开发"上取得了巨大的成果,我们无法忘记,如此高的技术开发能力与日本企业内部系统和企业间系统有着密切的关系。

日本企业促进技术开发的内部系统主要包括:

◎以长远的目光制定经营目标;

◎平衡且灵活的组织结构;

◎长期雇佣、企业内部调动、内部升职制度等雇佣特点;

上述企业内部系统,具有重要的意义。

以长远的目光制定经营目标,对无法立即取得收益的技术,也可以进行相关投资。并且,这样做企业就不会被短期利益的变动所左右,维持了研究开发的持续性、稳定性。

平衡且灵活的组织结构,使得公司内部的信息可以顺利地横向传播。为了在应用研究、新产品的开发和生产技术开发等方面拿出成果,研究、设计、生产、销售等企业内的各个部门需要保持密切沟通,所以促进必要的信息自由地流动,是极为重要的。

长期雇佣和内部升职制度,将在欧美等国家经常发生的员工抵抗引进新技术的可能性降到最低。并且,以 OJT(On the Job Training,工作中的培训)为中心的企业内部教育培训,具有激励劳使双方的效果。此外,企业内部调动使得信息的横向传播更为顺畅。

日本企业间系统,能够促进技术开发,其中必不可少的是维护"长期的商业关系"。并且在长期的商业关系中,交易不仅仅局限于金钱,还存在信息互换,发生商业关系的当事人之间存在合作等关系。这样的例子有很多,比如,从客户那里获得珍贵的信息,及时有效地促进了相应产品的开发,这是日本企业所擅长的方法。再比如,已经建立了长期商业关系的组装厂商和零部件供货商之间,频繁地交换有关改进生产技术和提高生产效率的信息。促进"累积的技术革新"的日本企业内部系统和企业间系统,这两个系统在日本经济高速增长期得以确立,以生产设备向大型化和自动化发展、材料革命、新产品层出不穷等为主要内容的"技术革新浪潮"应运而生。

由此,通过促进技术革新,日本式经营为日本经济整体相对高速增长做出了积极的贡献。

### 日本式经营和经济增长的相互关系

到这里,我们已经了解,在日本经济高速增长的末期,日本的大企业中对"企业属于员工"的说法已成为普遍共识,以和谐的劳使关系为前提,从生产一线不断实现技术革新的积累。这样的机制发挥着重要作用。

这样的机制可以被视为是日本式经营的产物，但是需要指出的是，日本式经营与经济增长之间，存在着前者带给后者的影响（称之为"A面"）和后者带给前者的影响（称之为"B面"）两种影响。

沿着时间轴，可以对日本式经营和经济增长的相互关系进行如下的分析：

◎ 20世纪50年代后期至20世纪60年代前期。日本经济高速增长的前半期，B面影响更大，相当于"日本式经营经济增长"。

◎ 20世纪60年代后期至20世纪70年代初期。日本经济高速增长的后半期，A面和B面互相影响，相当于［日本式经营经济增长］。

◎ 20世纪70年代中期至20世纪80年代。日本经济稳定增长期，A面影响更为突出，相当于"日本式经营经济增长"。

按照上面的分析，日本式经营是在经济高速增长的后半期，开始产生更多的影响。

这样的机制，到20世纪80年代一直发挥着作用。

### 土光敏夫和日本式经营的变化

土光敏夫重振石川岛播磨重工业（IHI）和东京芝浦电气（东

芝），我们可把这两个例子放在"日本式经营和经济增长的相互关系"中思考。如此看来，他起到的作用和其意义也更加明朗。

土光在1950年就任石川岛重工业社长，伴随着IHI的崛起，在1960年就任该社社长。重振石川岛重工业和IHI的崛起过程，可以从经济增长的过程中培育的日本式经营，即在前文提到的B面当中窥探一二。

土光1965年就任东京芝浦电气（东芝）社长。此后，从重振东芝到恢复东芝的经营活力，这个过程处于前文提到的A面和B面互相影响，且程度相当。日本式经营在促进经济增长的同时，经济增长也加深了对日本式经营的影响。

此外，土光在1974年就任日本经济团体联合会会长。石油危机之后，在经济长期困难的情况下，土光会长试图通过民间企业活力激发日本整体经济，可以认为是日本式经营对日本经济增长产生积极影响的一个缩影。

**日本式经营机制的功能缺陷**

到了20世纪90年代初，日本泡沫经济崩溃，日本式经营陷入了功能缺陷的境地。

其实早在20世纪80年代末，扛起日本式经营大旗的大企业中的经营者们，普遍失去了往昔的自信，全体转向了"重视股东的经营",这是日本式经营失去活力的重要诱因。

为避免误解,在此笔者稍微做一下解释。自20世纪90年代起,经营者企业中的大企业选择转向"重视股东的经营",这本身是没有错的。20世纪80年代后半期开始,由于资本市场的快速发展壮大和金融全球化的影响,实业公司开始谋求从资本市场调度资金,所以不得不转向"重视股东的经营"。问题在于,重视股东和追求短期利益被同等而视,许多经营者企业中的大企业抛弃原本日本式经营中的优势——长远的目光。这一点是必须强调的。

泡沫经济崩盘之后,"抑制投资"机制影响深远。日本企业属于经营者企业,经营者的本职工作是进行充分投资,可现在却止步不前。然而,企业员工却积极配合抑制投资后幸存下来的企业。经营者和员工,两者形成了鲜明对比。换言之,日本式经营原本的优势——具备长远的目光和进行必要的投资,已经不复存在。

泡沫经济崩盘之后,具备长远的目光和能够进行必要投资的企业,反而是企业所有者掌握经营主导权的"资本家企业"。从增长跌入停滞,日本能够承担经济增长的重任的,已经从经营者企业转变成资本家企业。

但是,在日本大企业中占据多数的,依然是经营者企业,不是资本家企业。因此，若经营者企业不能克服抑制投资机制，不能具有长远的目光和进行必要投资，重振日本经济依旧希望渺茫。

从这个意义上来讲，脱离长期低迷且重振日本经济的关键，在于重新构建日本式经营。能正确认识这一点，就可以正确理解我们今天仍然要学习土光敏夫经营思想的意义。

### "失去的 10 年"的本质

正如前文所述，1988年（昭和六十三年），土光敏夫去世（昭和六十三年）是日本经济从"世界范围内的优等生"猛然跌落成为"世界范围内的差等生"的转折点。为什么迄今为止被视为"成功"代名词的日本经济系统，变成了"失败"的典型呢？今天，若需全面了解日本经济系统面临的问题，并找到一条解决这些问题的道路的重要前提，就是需要用一套具有一贯性的理论，解释说明日本经济的"成功"与"失败"。现在很多人主张不必使用一贯的理论，然而要解决问题，进行正确的现状分析是大前提，因此必须用一贯的理论来整理和理解。

因此我们在这一章，首先要直面20世纪90年代，被称为"失去的10年"的危机的本质。

众所周知，20世纪90年代日本经济危机最直接的原因，

于石川岛播磨重工业社长室（1961年4月/照片提供：IHI）

是"实业公司的债务积累"和"银行方面的不良债权积累"。而这两个"积累"，是由于实业公司缺乏金融手段和银行方面缺少监管能力导致的。

20世纪80年代，由于主要产业的国际竞争力增强，生产出超，贸易顺差不断增加，大量资金涌入日本的金融市场。在这样的新状况下，许多实业公司将原本依存于银行融资的资金调度方式转变为重视"Equity Finance——权益融资（增加股东资本的资金调度方式）"。这种转变，在20世纪80年代后期，泡沫经济带来的虚假繁荣时期表现较为明显，"聚财技巧"一词，成为日本实业领域最重要的关键词。

但是由于缺少相应的金融手段,许多实业公司的"聚财技巧"以失败告终。

其中的典型案例,是1997年(平成九年)破产的东食和1998年蒙受巨大损失的养乐多。这两家公司,均是在主体业绩良好的情况下,因财务一个部门出现的失误导致整个公司损失巨大。

除了东食和养乐多,其实还有许多失败的案例。可以说,"聚财技巧"的失败是给实业公司带去债务积累的重要原因。

接着我们把目光转向银行。由于资金流入金融市场,银行和实业公司的间接金融依存度下降,银行被迫需要寻找新的资金贷出方。结果,因为银行缺少监管,达成了很多以土地为担保的"危险融资"。众所周知,这种危险的融资导致20世纪90年代初期泡沫经济崩盘,积累了大量的不良债权。

从以上的事实中,我们可以发现,20世纪90年代日本存在的危机,主要是由①出超引起资金剩余;②实业公司缺乏金融手段;③银行方面缺少监管能力三个主要原因引起的。

其中,原因①在日本经济史的脉络当中,还属于比较新的现象。

从明治时代开始工业化,到20世纪60年代中期生产系统的革新，日本经济几乎一直饱受贸易收支赤字的困扰。打个比方，20世纪90年代在日本产生的危机，说是"暴发户的悲剧"也不为过。长年被缺少资金困扰的日本经济，并不知道如何管理突然获得的大量资金，因此在犹豫不决中掉入陷阱。

话说回来，前面提到的原因③，强调日本银行缺少监管能力。然而直到20世纪90年代，人们普遍认为日本主要银行拥有优秀的监管能力。这两种看法完全相悖。

我们需要重新审视对主要银行监管能力过高评价的"普遍看法"。1997年以后，日本金融机关相继破产，逐渐失去了影响力。为什么主要银行具备优秀的监管能力，还会苦于20世纪90年代的不良债权积累问题呢？这种普遍意见显然丧失了说服力。

也就是说，与普遍看法相反，从日本泡沫经济之前更早的快速增长期开始，日本主要银行就不再充分发挥其监管的功能，这样理解更加合理。[详情参见日高千景·橘川武郎《第二次世界大战后日本的主要银行系统与公司管理》，东京大学《社会科学研究》第49卷第6号（1998年），堀内昭义《日本的金融系统》，贝塚启明·财务省财务综合政策研究所编《再访日本型经济系统》有斐阁（2002年）]

**生产系统的健全、金融系统的危机**

梳理一下上面讨论的结果，我们可以发现，20世纪90年代日本经济危机的本质，并非全体经济系统（或者是全体企业系统）的危机，而是金融系统（或者是企业金融系统）的危机。

结合20世纪90年代日本的经常收支持续大幅盈利一起考虑，虽然金融系统陷入危机，但生产系统很有可能仍保持基本健全。

如果是这样，将生产系统和金融系统总括起来看，日本的经济系统和企业系统，在20世纪80年代取得了"成功"，但是在20世纪90年代却"失败"了。这种一概而论的说法，不得不说有些欠妥当。

现实是，生产系统经历了经济快速增长期——20世纪80年代到20世纪90年代的两个历史时期都持续"成功"。另一方面，金融系统从经济快速增长期——20世纪80年代到20世纪90年代的两个历史时期却始终持续"失败"。

引入这样正确的对历史的认识，我们才能针对两个历史时期构建起一个整合的、统一的解释模型。

下面，笔者将基于上述历史认识进行进一步的讨论。

**对重振的基本命题的疑问**

在"失去的 10 年"中，日本危机的本质是金融系统，20世纪 90 年代之后，生产系统仍然保持健全。站在这样的立场上，我们其实能够提出克服危机的方法，换言之，即计划重振日本经济、日本企业的基本命题，就是改革金融系统和维持生产系统。

但是，面对这个基本命题，出现了如下反对的声音和质疑。

（a）怎样改革金融系统？

（b）即使日本的生产系统非常健全，该如何维持？且日本的制造业正在面临着以中国为首的东亚各国的追赶，恐将无法避免产业空洞化。

（c）日本的服务业逐渐发展，制造业的比重正在逐渐减少，生产系统的重要性也在倒退，现在强调维持生产系统，还有意义吗？

这些反对的声音和质疑，是现在人们提到重振日本经济、日本企业时的"普遍意见"。从正确把握现状，增强与读者的互相理解的角度上来讲，我们将占用一些篇幅，为这些反对的声音和质疑解答，明确指出"失去的 10 年"的教训，具体谈谈重振日本经济、日本企业的计划。结论会在下文的第Ⅳ章进行论述，即从土光身上我们应该学习什么，如果是土光，他会怎样做等。

### 重振日本经济、日本企业的计划

首先，关于怎样改革金融系统，即（a）问题进行讨论。

关于这一点，最重要的是（Ⅰ）实业公司需要掌握权益融资的操作技术。日本在泡沫经济崩盘之后，丰田汽车、Seven & Ⅰ、佳能、任天堂等公司并未受波及，他们是经常被提及的优秀企业，不仅在本职事业上取得巨大成功，还实现了企业金融的革新，都掌握了权益融资的操作技术。

对于怎样改革金融系统的（a）问题，除了实业公司之外，还需要准备针对金融机关的答案。在这一方面，（Ⅱ）推进金融商业的改革，重要的是需要确立两大支柱：（i）拥有国际竞争力的全球性银行，（ii）拥有能在细微之处将监管能力发挥到极致的优秀地方金融机关。

两大支柱中的（i）拥有国际竞争力的全球性银行，是为了应对大企业的权益融资的需求，即具备证券业务和银行业务双重能力的银行。其活动范围不仅限于日本市场，还面向整个世界市场。另一方面，（ii）优秀地方金融机关，是为了应对中小企业和创业者的贷款需求。与大企业不同，直到今天，从银行贷款依然是中小企业主要的资金调度方式，对创业者而言也是如此。为了切实满足他们贷款的需要，银行需要在特定的区域集中开展业务，及时沟通信息，有必要在细微之处将监管能力发挥到极致。从这个意义上看，主要负责中小企业金融问题的有地方银行、信用金库、信用合作社等地方金融机关。

换言之，主要银行系统是否有效地运转，要看企业与金融机关之间是否及时沟通信息，金融机关是否充分发挥了监管的职能。如果希望及时沟通信息，最好是建立起面对面沟通的关系。这种关系的范围，在地域上会受到限制，最大也就是一个都道府县左右。

在全国范围内开展业务的都市银行业务员，要和在地方经营公司的中小企业的经营者建立起面对面沟通的关系，是非常困难的。但在都道府县甚至更小的范围内开展业务的地方银行、信用金库、信用合作社等，能够和本地的中小企业构建起这样的关系。主要银行系统，正是在地方金融机关和本地的中小企业之间发挥职能，甚至可以说，正是因为在地方，才能发挥其职能。

接下来，对于（b）所讨论的产业空洞化问题，制造业通过（Ⅲ）增加高附加值，深化国际分工，即可解决。

最近，中国商品充斥日本市场，很多人认为这是一个巨大的威胁，会导致日本产业空洞化。确实，日本和中国之间的贸易,从日本的立场来看,一直持续着入超的现象。

但是,如果将日本对中国香港持续出超的贸易收支情况也计算在内,重新核算"日本和中国之间"的贸易收支,日本其实仍多处在出超收支情况。日本的高附加值的零部件经过中国香港出口到中国大陆,中国将这些零部件组装成完整的商品再出口到日本,这样的日本、中国香港、中国大陆之间的"三角贸易"在不断发展,这是如今中日贸易之间的真实情况(许多日本企业之所以不直接向中国大陆出口高附加值的零部件,而是经过中国香港出口到中国大陆,是为了利用中国香港作为转口贸易港的优势,减少与中国进行直接贸易的风险)。

也就是说,中国商品充斥日本市场,并不是日本产业空洞化的表现,而是"国际分工深化"的反映。如果用这种观点进行思考,那么包括中国在内的东亚各国的经济增长,与日本的制造业的发展并不矛盾。

不仅如此,拥有巨大增长空间的东亚各国企业和日本企业之间,会逐渐形成经济合理的国际分工体系,这种体系也将不断推广、渗透,不仅不会给日本带来产业空洞化,甚至会对日本经济和日本企业的重生具有重要意义。

为了和东亚各国间构建起"合理的国际分工体系",必须要将高附加值的工序保留在日本国内。也就是说,虽然需要"维持生产系统",但并非原封不动地走原来的老路。日本的制造业,必须增加高附加值,以深化国际分工。

接下来,是对指出经济服务化的(c)意见进行回答。对此问题,可以给出以下两点回答:(Ⅳ)实现制造业与服务业的新型结合,(Ⅴ)将市场中潜在的民生需求开拓转变为服务性行业和流通性行业。

经济服务化的发展本身与制造业的发展并不矛盾。不仅如此,美国在20世纪90年代实现了他们所歌颂的"新经济(New Economy)",我们从中可以看出,经济附加值生产性高的制造业和雇佣吸引力巨大的服务业之间,有着一种协同作用。维持具有国际竞争力的生产系统,并能将其与服务性行业进行新的结合,毫无疑问会对日本经济和日本企业的重生产生重要的意义。

另一方面,(Ⅴ)开拓立足民生需求型的服务性行业和流通性行业,与"维持生产系统"并没有直接的关系。但是,(Ⅴ)确实是重振日本经济和日本企业不可或缺的对策。不管是规模还是精密程度都已达到世界领先地位的日本市场,包含许多潜在的民生需求,能将潜在的需求变成可行的商业模式,服务业者和流通业者都将收获巨大。

一般来讲,与创新多来源于军需的美国不同,日本经常从民需中产生创新。

到这里为止,关于重振日本经济、日本企业的计划,不但提出"改革金融系统和维持生产系统"的基本命题,作为拓展,还提出以下重要的5点:

(Ⅰ)实业公司要掌握权益融资的操作技术;

(Ⅱ)推进金融商业的改革,重要的是需确立两大支柱:(i)拥有国际竞争力的全球性银行,(ii)拥有能在细微之处将监管能力发挥到极致的优秀地方金融机关;

(Ⅲ)结合高附加值,深化国际分工;

(Ⅳ)实现制造业与服务业的新结合;

(Ⅴ)开拓市场中潜在的民生需求,将其转变为可行的服务性行业和流通性行业。

并且,不可忽视的一点,为了实现上述举措,最必不可少的条件,是需进行切实且必要的投资。

**脱离抑制投资机制**

在此,我们还有一点疑问。

在泡沫经济崩盘后,日本企业采取所谓的"抑制投资机制"产生了大范围的影响。这一点生动地展现了疯狂追求ROA(Return On Assets 资产回报率)和ROE(Return On

Equity 净资产收益率）的日本企业的姿态。

泡沫经济崩盘之后，日本企业开始重视 ROA 和 ROE 的美国企业经营模式。20 世纪 90 年代，歌颂"新经济"的美国，采取实现 ROA 和 ROE 上涨的战略，开始积极地进行投资，不断增加 A（Assets 资产）和 E（Equity 股东权益），并以超越二者的势头提高 R（Return 利益）。

日本则与之形成对比，大多数企业抑制投资，通过缩减 A 和 E，实现 ROA 和 ROE 上涨。尽管都瞄准了 ROA 和 ROE 上涨这一目标，日美两国可以说采取了完全相反的战略，在泡沫经济崩盘后的日本，抑制投资机制产生了深远的影响。

有人说"失去的 10 年"会延长为"失去的 20 年"，其中最大的原因就是抑制投资机制依然在产生负面的影响。

抑制投资的延续，逐渐侵蚀 20 世纪 90 年代末为止都曾占据优势地位的日本生产系统。所以，在"失去的 20 年"越来越显露端倪时，日本制造业的国际竞争力也在逐渐消退。

日本企业如果无法克服抑制投资机制，前文提到的（Ⅰ）~（Ⅴ）的举措都无法真正得以实现。重振日本经济和日本企业的关键点，在于脱离抑制投资机制。

### "新型日本式经营"的必要性

为了重振从20世纪90年代以来持续低迷的日本经济，需要实现前文提到的（Ⅰ）~（Ⅴ）举措。为此，需要经营者企业克服抑制投资机制，重新构建日本式经营，用长远的目光切实地进行投资。

重新构建日本式经营的真谛，在于明确按照（Ⅰ）~（Ⅴ）的成长战略，使中长期的股东利益（股价上涨）与员工利益（待遇改善）达成一致。

如果，切实地进行投资，使得企业利润增长，股价上涨和待遇改善也会同时得以实现，股东利益和员工利益便不再对立。有人认为，在人口不断减少的日本采取成长战略是困难的事情，但是放眼世界，将事业开拓向海外市场，成长战略完全能够实现。

只是，如需重新构建日本式经营，必须回归初心。

虽然需继续保持一直以来的长期雇佣的传统，但也需彻底审视年功序列制的弊端，引进实力主义的观念，果断实施改革。

日本式经营，必须从过去长期雇佣和年功序列制并行的"旧式日本式经营"，变身为重视长期雇佣忽视年功序列制的"新型日本式经营"。

一句话概括，采取新型日本式经营的经营者企业，能够以长远的目光进行切实的投资,将事业拓展到海外,做到这些就可以为重振日本经济做出真正的贡献。

基于上述认识,下一章将重新聚焦土光敏夫先生。现在,我们应该从他身上学习什么?如果是土光,他会怎样做?

# Ⅲ 土光的经营思想在今天的意义

### "财界名医"土光

为了重振日本经济,必须再次构建日本式经营,我们能从土光敏夫的经营思想中学习到很多,那么当今的日本企业要向他学习什么呢?这一章我们将一边回顾第一部的记述,一边挖掘需要学习的东西。土光担任深陷经营危机的企业的社长,将这些企业一个接一个起死回生,而被人们称为"财界名医",主要有如下事迹:

(1)1946年(昭和二十一年)就任石川岛芝浦涡轮机社长;

(2)1950年(昭和二十五年)就任石川岛重工业社长;

(3)1965年(昭和四十年)就任东京芝浦电气(东芝)社长。

从这三家企业的重建过程中,当今的日本企业能学习到什么呢?

**石川岛芝浦涡轮机的重生**

接下来，我们一同回顾土光敏夫重建石川岛芝浦涡轮机的过程。

我担任石川岛芝浦涡轮机社长后，一开始就为筹措资金而奔走。第二次世界大战结束后，日本发生了严重的通货膨胀。更严重的是，因为道奇计划，当时人们的工资只有500日元。在山穷水尽之时，我前往第一银行的总行。当时的营业部次长是长谷川重三郎（后来的行长）。

"今天我们一定要拿到您的融资。我带了便当过来，就算在这儿等到天亮也不怕。"

从松本工厂回来的路上，我在车站买了很多便当。那时，我知道银行其实并没有很多闲钱，但是我们公司的情形比银行更艰苦，带着便当去就是为了表明自己坚决的态度。大概是被我这种决不退缩的精神所感动，长谷川先生最终为我们公司提供了帮助。

为了获得机械业界振兴的补助金，我以同样的势头连日向通产省请愿。通产省的工作人员都在私下里议论纷纷："哎呀，哎呀，恶僧又来了。"不管三七二十一，我依旧向局长和次长大声陈情。反正没有别的办法，为了达到目的我不惜粉身碎骨。

就这样，东奔西走终于有了成果，石川岛芝浦涡轮机比母公司石川岛重工业（昭和二十年改成石川岛造船所）更快地走出阴霾。[1]

我们在第一部里也讲过，支撑土光的是"不能饿死一个员工和他的家人"的顽强信念。即使是面临第二次世界大战后最为困难的状况，为了守护员工和他们的家人，他也仍然不懈努力，为石川岛芝浦涡轮机的初期重建带来了巨大的成果。

## 石川岛重工业的重生

我们再来回顾一下石川岛重工业的经营重建。土光敏夫就任社长之后，首先通知工会"我不会裁员"，请求得到他们的帮助。还亲自分发社内报纸《石川岛》，在报纸的第1号中刊载了他的《年初问候》，他强调要确立各工厂分别核算制、合理健全经营管理、有计划地接受订单、灵活利用组织、提高办事效率和弘扬企业文化及纪律。他就任社长的第二天，就爆发了朝鲜战争，因为战争带来的特需影响，石川岛重工业的业绩急速回转。但是，这里我们不能忽视，石川岛重工业的业绩改善，并不仅仅是因为朝鲜战争的特需这一个"偶然"的因素。应该注意到这是土光社长所推行的一系列经营改革的必然成果。因此，在朝鲜特需结束后，石川岛重工业依旧可以保持长期稳定的发展。

关于这一点，池田监制的《昭和人类记录·土光敏夫大事典》这样记述：

朝鲜特需滋润了整个业界，而石川岛也从中分到一杯羹。（此处有删减）不可忽视的一点是，虽然拥有这样的好形势，但土光并没有松懈下来。

"这种幸运只是暂时的。要戒骄戒躁，利用这次机会站稳脚跟。"土光的话语使公司内部进行更加严格的经营合理化改革。因此公司形势好转，经费反而减半，产生了协同效应。

在营业方面，土光采用了今天我们所说的"目标管理方式"。分析过去几年间的订单量的平均值、国家预算、GNP（国民生产总值）的变化等各种数据，在此之上确立目标，给各个部门分配定额任务。虽然现在这是很常见的方法，但是在当时这种方法是划时代的。[2]

在石川岛重工业的经营重建过程中，他不仅仅致力于经营合理化，还放眼未来，积极推进技术革新。我们在第一部里介绍，《我的履历书》中所述："这一系列的跃进，隐藏着石川岛坚持不懈的努力，第一是技术开发，第二是从国外导入技术。"[3]

土光社长积极推进技术革新，为石川岛重工业开拓许多新的事业。其中就有飞机发动机的开发。关于这一点，《石川岛播磨重工业社史沿革·资料编》这样记载：

土光就任社长时，公司开始正式开发飞机发动机。第二次世界大战后的一段时间内，我国虽然全面禁止与飞机相关的生产，但是石川岛重工业从昭和二十三年（1948年）开始着手研究燃气轮机，在恶劣的条件下依旧坚持基础研究。

昭和二十六年开始着手1500马力的燃气轮机和船用应用型500马力燃气轮机的设计，昭和二十八年开始推进3吨级别的涡轮喷气发动机的设计。此时，飞机工业可以在一定限制内开工，实验装置也开始正规化。同年2月，公司通过政府从美国空军借来一台J33喷气发动机，并与其他11家对喷气发动机感兴趣的公司组织起共同研究委员会。另外，公司还在昭和二十九年与曾经进行过技术交流的通用电气公司（GE公司）的贸易部门、国际通用公司（IGE公司）缔结关于喷气发动机的技术援助契约，正式生产的第一阶段就是开始J47喷气发动机的零件制作。这期间为了开发国产喷气式发动机，经过通商产业省（通产省）的撮合，石川岛重工业、富士重工业、富士精密工业、新三菱重工业这4家公司（昭和三十一年10月，川崎航空机工业也加入）共同出资，于昭和二十八年7月成立日本喷气发动机公司（资本4000万日元）。这家公司根据富士重工业和富士精密工业已经设计并制作了一部分的JO-1发动

土光与巴西海军相关人员的聚会上留下了珍贵的戴蝴蝶领结的照片（1958年8月／照片提供：IHI）

土光带领在日本的外国记者一行人参观进水量世界第一的相生工场（1964年2月／照片提供：IHI）

机，研发完成了J3，从而奠定国产喷气发动机的基础。[4]

在第一部中我们讲道："面临经营危机，土光敏夫并未采用短期的对症疗法，而是寻求长期发展的根治对策。'财界名医'为世人展示了他的真本领。"这一点，我们也可以从石川岛重工业重建的事迹中得以证明。

### 东芝的重生

在东京芝浦电气（东芝）的经营重建中，土光敏夫最大限度地发挥作为"财界名医"的真本领。土光的经营思想得到了彻底的贯彻，这其中包括：（1）贯彻合理化改革；（2）明确长期愿景；（3）发挥活力。这3点要素，使东芝得以重建。

（1）贯彻合理化改革，土光从简化自己的社长办公室开始着手。然后推进设置经营干部会、采用董事分担制、把权力放给事业部、采用"员工组制"等一系列机构改革。

土光社长就任后马上制订了中期经营计划，这其中包括五项重点措施：①提高资产效率；②确立生产体制；③整备经营管理体制；④强化技术开发；⑤扩充销售体制。其中，除了④以外的4个项目都是经营合理化的改革，且各个措施都取得了良好的成果。其中措施③具体包括工厂、相关公司和母公司间的生产机种的移交和集中化。这个措施意义重大，公司的技术力量因此得到集中，所以强化新产品开发和改良体制、提高生产体制的合理性等方面都取得了长足的进步。

土光作为"财界名医"为应对经济危机给出了合理的对策，该对策最显著的特征，不仅仅是通过合理化经营改善收支平衡，还在于结合构造改革推出了长期的成长战略。

这就是（2）明确长期愿景。在东芝的重建过程中，土光不仅推出了包括强化技术开发（④）的中期经营计划，还设计了"为实现百年东芝播种"的计划，积极投资开发研究，大力开拓新产品、新技术和新领域。

关于这一点，我们在第一部中曾经引用过岩田弍夫（土光就任社长之前的东芝董事）的回忆"我从财务领域的角度来看，土光的做法非常危险。这种超积极主义，特别是对技术开发的投资简直是无视'算盘'啊"[5]。

"为实现百年东芝播种"计划的长期愿景有一个具体的体现：在1965年，东芝在业绩低迷时仍旧保持将营业额的3%~4%作为研究开发费用，采取通过技术革新实现自我成长的路线。

1969年业绩恢复后，公司决定"确立自主技术"，在将中央研究所改组为综合研究所的同时，设置材料研究所、电子配件研究所、电子机器研究所、电气机械研究所以及精密加工研究中心5个专门的研究所。在1967年,东芝还提出一个新的方针:新产品占总销售额的比率在5年内提升到50%以上。走过20世纪60年代后半叶的东芝,一方面在已有的产品领域继续积极投资设备,另一方面在电子计算机、医用机器、升降机、核电、住宅、邮局自动化机器、卫星通信等新产品、新领域的开发方面也取得了丰硕的成果。

土光的这种"解决经营危机的对策不仅仅是通过合理化经营改善收支平衡,还在于结合构造改革推出长期的成长战略",取得了巨大的成功。

(3)发挥活力。主要由土光社长率先垂范开始。他直接奔赴国内的许多事务所与员工面对面交流;提着一升酒拜访工会和工会干部对酌;走在营业活动的第一线发挥"社长营销"作用……看见这样奋斗的社长,当时的东芝员工一定都大吃一惊。但是,他率先垂范的本意,绝不是仅靠自己发挥活力、仅凭自己的力量改变东芝。

"普通的社员要3倍地动脑,董事要10倍地工作,而我会做得更多"[6],土光之所以这么说,目的在于使东芝的全体社员都迸发活力,让整个组织活起来。设置经营干部会和下放权力给事业部等的机构改革,加上"挑战·应战式经营"的推进,东芝从上到下都迸发出积极的活力。

与柬埔寨国家元首一起（1970年10月／照片提供：东芝未来科学馆）

"财界名医"土光的经营重建方案之所以优秀，不仅仅体现在明确合理化方针和长期愿景的WHAT层面，还体现在发挥活力的HOW层面。

### 作为"Mr. 行革"的土光

土光敏夫连续就任深陷经营危机企业的社长，成功重建了一个又一个企业，迎来了"财界名医"的美誉。1974年（昭和四十九年），他被选为第四代经团联（经济团体联合会）会长，从个别企业的名医升级成为整个财界的名医。他担任经团联会长的时候，正是第一次石油危机后经济最萧条的时期，可谓是

"在暴风雨中出海"。但是在经团联会长土光的领导下，日本企业破釜沉舟地推进合理化改革，使日本经济在世界范围内获得了"克服石油危机的优等生"的称赞。他批判的目光也终于从民间企业转移到与民间企业相比效率低下的行政上。

土光举起"不增税的财政重建"的旗帜，于1981年和1983年分别担任临时行政调查会（临调）会长和临时行政改革推进审议会（行革审）会长，为推进行政改革做出同样艰辛的努力。

看到土光敏夫拼上自己晚年积极进行行政改革的身影，日本的国民不知从何时开始，怀揣敬畏地将他称作"Mr.行革"。

## 经团联会长

担任过经团联秘书科长的居林次雄回顾担任经团联会长的土光敏夫时，这样总结：

当时大家不知道第二次世界大战后日本经济的高度成长会不会在石油危机中停下来。土光作为经团联的会长，通过勤俭节约、努力和创造力，为日本经济的重建吹响号角。在那个时代，像他那样朴素、节约型的人最适合担任经团联会长。

石油危机之后，他采取扩大公共事业等刺激经济的政策，然而这一政策却使日本政府陷入了财政赤字。土光思考着自己的失误，担任了后来的行政改革的临调会长。[7]

这段历史有几点非常有意思。第一，"朴素、节约型"的土光最适合担任石油危机之后的财界领导。为了克服滞涨（经济停滞与通货膨胀同时发生），在日本企业必须纷纷合力进行减量经营的时刻，"财界名医"土光推出明确合理化方针，由此看来他的确是经团联会长的不二人选。

第二，土光会长不仅仅是力行节约，还"为日本经济的重建吹响号角"。他的特征是"面临经营危机，不会采用短期的对症疗法，而是寻求长期发展的根治对策"。石油危机之后，为了重建深受打击的日本经济，他在经团联的活动也一直贯彻这一方针。

从结果上来看，日本经济被称作"克服石油危机的优等生"，并在20世纪70年代终成为"Japan as No.1"。而经团联会长土光在这其中发挥的作用不容小觑。

第三，为了应对石油危机后的经济低迷，土光要求政府扩大公共事业等政策，然而却使日本政府陷入财政赤字。他深刻反省这一点，这也是卸任经团联会长之后，想要努力进行行政改革的出发点。

土光批判的目光从民间企业转移到更加冗杂效率低下的行政上，这一点是毋庸置疑的事实。但是，他同时也感觉到自己

经团联会长时代（照片提供：日本经济团体联合会）

与行政的冗杂化多少有些关系，可以说是燃起了土光"Mr.行革"的使命感。

**"土光临调"是一项精神运动**

上之乡利昭曾经是一名记者，后来成为一名纪实文学作家，他采访记录了土光敏夫作为"Mr.行革"时期的活动资料，并将"土光临调"定义为一场精神运动。

土光就任行革审会长的1983年，上之乡的《训斥总理的男人——土光敏夫的奋斗》出版，其中讲道：

"土光临调"不仅是一场行政改革,也是一场国民性的精神运动、整风运动,达到了日本"文化大革命"的效果。而将日本人民卷入这场从未体验过的狂热之中的,大概就是他身上超凡的魅力吧。在东芝重建中见过年轻土光的东芝现任会长岩田弍夫说:"土光以前可不是这样啊。"他的确是年纪越大越有一种独特的魅力。[8]

将"土光临调"比作"文化大革命",虽然有些不合适,但是谁也无法否认这是一项伟大的精神运动,而带领大家完成这场运动的是一位叫作土光敏夫的人。上之乡这样阐述道:

如果把"土光临调"当作精神运动,那么被当作"行政问题"的预算等金钱、政策上的问题,其实可以说只是运动的一种结果。重要的是如何创造出一种将问题简单化解决的精神风貌。所以,在这种时刻,"目刺土光"必然要登场并带来巨大成果。从第二次世界大战后30年的意识革命目的来看,临调会长除了土光敏夫没有别的人选。

---

**注释:**

1 土光敏夫(1983年),《我的履历书》(日本经济新闻社)第110~111页。

2 池田政次郎监制,产业劳动出版协会编辑发行(1989年),《昭和人类记录·土光敏夫大事典》(产业劳动调查所发售)第47~48页。
3 上述《我的履历书》第129页。
4 石川岛播磨重工业株式会社(1992年),《石川岛播磨重工业社史沿革·资料编》(同公司)第54页。
5 上述《昭和人类记录·土光敏夫大事典》第193页。
6 上述《我的履历书》第156页。
7 居林次雄(1993年),《财界总理贴身录——与土光敏夫、稻山嘉宽的那七年》,(新潮社)第230~231页。
8 上之乡利昭(1983年),《训斥总理的男人——土光敏夫的奋斗》(讲谈社),第33页。

# Ⅳ 合理的精神·远见·活力

### 土光敏夫经营思想的 3 个本质

为了重建日本经济和日本企业，我们要从土光敏夫的经营思想中学习什么呢？要回答这个问题，首先要再确认一遍他经营思想的整体内容。

土光有"目刺土光"的称号，给人留下的最深刻的印象就是勤俭节约。他的确是一个勤俭节约的人，这与经济危机及当时提出的明确的优化方针息息相关，是不争的事实。

但是，要想正确理解土光的经营思想，还是要从重建东芝这一经典案例中的三个层面来把握：（1）贯彻合理化改革；（2）明确长期愿景；（3）发挥活力。

（1）中的贯彻合理化改革是土光敏夫经营思想中必不可少的一点，但他的经营思想的本质并非仅此而已。

### 提出长期愿景

我们反复强调：土光敏夫在面临经营危机时，没有采用短期的对症疗法，而是寻求长期发展的根治对策，这才是他的真本领。

在重建石川岛重工业、东芝和石油危机之后的日本经济的过程中，他不但看到了眼下应该实施的合理化改革，还会审时度势地提出长期愿景，不愧为"财界名医"。

土光提出的长期愿景在很多情况下都是以研究开发和强化技术能力为基础的，这一点与"涡轮机土光"这一称呼一脉相承。PHP研究所编纂发行的《土光敏夫的哲学严以律己、贯彻信念》[1]介绍了土光敏夫对将来的愿景：

创造性的企业必须拥有长期愿景，愿景就是企业展示自己面向未来持续发展的可能性。员工通过这个愿景可以找到归属感，可以发现人生的价值。

曾有一位在我的工厂里工作的女性给我写过这样一封信。

"以前我只是单纯地工作，就这样度过每一天，没有什么想法。直到有一天我从上司口中听说了长期计划。我知道了我们要把工厂建设为世界第一的发动机工厂。上司让我也参加进来，这是我第一次体会到自己的工作是这么重要。"[2]

土光经营思想的本质是直面众多课题的同时，又能把握住长期的愿景。不过不如说正是因为拥有长期的愿景，才能正确对应短期内的课题。这种管理态度有时会让员工们感动，刚才我们介绍的女员工的例子就是这样。前面我们已经提到，要想重建日本经济就必须重构日本的经营模式，所以必须从长期雇佣和年功序列制并存的"旧式日本式经营"，转换为将重点放在长期雇佣而忽视年功序列制的"新型日本式经营"。

采用新型日本式经营的企业经营者，如果能够用长远的目光合理投资，就能开启日本经济重生的大门。面临危机时，不仅要从根本上解决问题，还要放眼未来，明确长期愿景……这一点正是今天的我们为重建日本经济和企业，从土光敏夫的经营思想中学习到的最大要点。

### 发挥活力

另一个要点是土光敏夫经营思想的第三个层面——发挥活力。回顾土光敏夫的一生，我们会为他一直以来做出的那些充满活力的事感到惊叹。他在关西中学时代从山内佐太郎校长身上继承的精神，终其一生贯彻到底。

土光敏夫直到 86 岁还接任临时行政改革推进审议会会长，他的体力和能力到底从何而来？在《土光敏夫的哲学》中，他回忆自己的活力时说：

关于活力我有一个自成一派的表达公式。

活力 = 智力 ×（意志力 + 体力 + 速度）

活力不单单是精力，活力的基础是智力，知识和技术的重要性不言而喻。但是就活力方面，虽然智力是必要条件，但并不是充分条件。充分条件是智力和行动力，其中最重要的要素包括意志力、体力和速度。意志力是思想、本性、干劲儿的源泉。万万不可忽视体力的重要性。速度指的是在工作中更重视时机，而非一味考虑工作环境因素。[3]

活力是智力和行动力的乘积，而行动力又可以分解为意志力、体力和速度。

意志力和体力我们可以理解，而速度被土光解释为"在工作中更重视时机，而非一味考虑工作环境的因素"，这一点就十分有趣了。被工作环境所禁锢，无法做出决断或者错失良机对于土光来说是一大禁忌。

这里有一点我们不能忽视，那就是土光这些充满活力的行动绝不是想要仅凭自己的力量发挥活力，突破全局。他在重建东芝的时候导入的"挑战·应战式经营"，只有一个目的，就是为了让组织整体创造出无限的活力，他也一直都致力于激发自己所在组织全体成员的活力。

**重担主义和新型日本式经营**

土光之所以要求全体成员发挥自身的活力,是因为他信赖每一位成员,对每个人的成长都抱有坚定不移的信心。举例来说,土光作为一个经营者,经常对部下采取"重担主义"策略。什么是"重担主义"呢?他解释如下:

我信奉的重担主义是必须让人做超出自己能力的工作。一个人如果能拿得动100公斤,就让他拿120公斤;如果能拿动120公斤,就让他拿140公斤,让一个人去做未能达到自己能力水平的工作可以说是一种罪恶。尊重个人,就是让他付出劳动,提高他的创造力。只有在劳动之后才会明白工作的价值和意义。如果不做也不动,怎么可能体会到劳动的喜悦呢?人生的意义也是如此,为了生存拼尽全力奋斗才能知道活着的喜悦。

只顾玩乐而不思考赚钱的方法,这样的经营者是不尊重个人的。

但是,仅是"快乐工作""提高创造性"这样的口号,并不是负责任的行为。经营者的使命就是要给大家提供工作和提高创造性的"机会",为大家铺设好轨道。我之所以百分之百将权力下放,就是为了给大家提供这样一个"机会",除此之外还需要人尽其才,这对经营者来说是最困难的一项任务。人尽其才的障碍有很多,比如不重视能力的年功序列制度、专门职制度的不完备等。因此,我采取了毛遂自荐和内部招募的手段。[4]

土光的想法与新型日本式经营不谋而合。新型日本式经营将重点放在长期雇佣上,为员工提供安全感和归属感,以及一个能够通过工作获得成长的稳定环境。另一方面,新型日本式经营不重视年功序列制,而是采取了一系列新制度,使通过努力获得成长的员工得以晋升。

土光经营思想中"发挥活力"这一重要的本质,可以说是支撑了新型日本式经营的根本。

### "两个V"

为了重建日本经济和日本企业,我们从土光敏夫的经营思想中可以学到两个重点——"明确长期愿景"和"发挥活力"。如果仅看到土光经营思想中提倡勤俭节约的"贯彻合理化"这一点,会迷失方向。愿景(vision)和活力(vitality),这两个"V"都非常重要。

**注释：**

1 PHP研究所编纂（2002年），《土光敏夫的哲学——严以律己、贯彻信念》（PHP研究所）。这本书从书籍、杂志等多种媒体上收编了土光敏夫的文章和发言等，所以本书会标记引用文章在该书的页码以及原发文章的出处。
2 同上书，第103页。首次发表在《诸君！》1979年三月号。
3 同上书，第25页。首次发表在土光敏夫（1970年）《经营的行动指针》产业能率大学出版部。另外，该书于1996年再次刊发，《新订·经营的行动指针》，土光敏夫著，本乡孝信编纂，产能大学出版部（1986—2006年产业能率大学的正式名称是"产能大学"）。编者本乡的《新订版发行记事》，再次刊发的版本进行了一些变更和组重。而收录在《土光敏夫的哲学》里的是1970年版的《经营的行动指针》。
4 土光敏夫（1983年），《我的履历书》（日本经济新闻社）第166~167页。

第三部　人物形象

**用名言串联起土光敏夫的一生**
**　简单的人格魅力**

# I 18句名言

在本书的第三部，我们一起来研读土光敏夫的人生态度。首先来看一下他的18句名言。

土光曾留下许多名言，从这一点来讲，他也是一位非常值得书写的经营者。他的语录曾被多次发行，比如土光敏夫、本乡孝信合著的《土光语录新订经营的行动方针》和出町让的《清贫与复兴——土光敏夫的100句格言》等。我们选择了PHP研究所在2002年编辑出版的《土光敏夫的哲学——严以律己，贯彻信念》一书，其中收录了他对人生、经营、行政改革等方面提出的200多句语录。在这里，我们精选和收录了其中的18句，并加以简单的解读。

**名言（1）执念比能力重要**

土光敏夫认为，生命力的构成要素主要有智力、意志力、体力和速度，其中意志力最为重要。将"意志力"一词换成"执念",可以解读如下的言论。

能够成就一番事业需要什么？不必说，一定需要能力。但是，能力只是成功的必要条件而不是充分条件。充分条件是为能力提供动力、黏着力和渗透力的力量。我将这样的力量称为执念。

工作一定会伴随着困难和失败。这时只有执念能让你毅然决然地挑战困难，无惧失败，重整旗鼓。尤其是独创性的工作，多为执念的产物。据说汤川（秀树）博士的介子理论是从被窝里得到的灵感，但是不要忘记，在灵感背后的是汤川博士不眠不休，长期执着于此的执念。[1]

正如在第二部第Ⅳ章中提到的，土光敏夫认为生命力的必要条件是智力，充分条件是行动力（意志力、体力和速度）。在名言（1）中，他认为成就事业的必要条件是能力，充分条件是执念（动力、黏着力和渗透力）。一方面承认天生的能力很重要，一方面认为后天努力获得的智力和行动力更加重要，并且强调意志力及执念在其中的作用。这就是土光敏夫的思考方式。

## 名言（2）实力

土光也曾屡次提及通过努力来掌握智力和行动力的这种

"自我发展"的重要性。比如名言（2）和名言（3）。

我喜欢"实力"这个词汇。一旦落入困难的境地，只有凭借实力才能突出重围。将"实力"一词换个说法，就是"自我发展"。如果把在大学阶段学到的知识、看过的书、向他人请教问题得来的答案等作为知识积累起来却不活用，真的是空怀至宝。

只要具备实力，即使处在不景气的境地也不会恐惧，甚至可以将困境转变为一件好事。改善萧条的状况，闯过难关，就可以从中获得自信。

企业从未停止竞争。运动员在撑竿跳时也会抓住把竿，争取每次都比之前跳得更高。一旦没有超过之前的高度，比赛就结束了，不得不离开赛场。[2]

单纯地积累知识而不利用是没有意义的。当面临困境时，必须通过自我发展将知识升华为实力，从而成为跨越障碍的原动力。

## 名言（3）下午6点到10点是决胜时间

如果想要自我发展，最重要的就是如何利用下班后的时间。土光讲述了在这个时间段学习的重要性。

一位名叫巴布森的人，研究了过去100年中在世界实业史上做出过杰出贡献的人，得出如下结论："这些人成功的原因无一例外，都是珍惜下班后的时间。"也就是说，成功的重要因素不仅是抓住工作时间，还在于抓紧下班后的时间。下午6点到晚上10点的4个小时是用于娱乐休闲，还是拿出其中的1个小时学习，久而久之，二者一定会有差别。

这说明了自我发展以及合理利用时间的重要性。实际上，我想强调的是在娱乐休闲中也可以学习。[3]

娱乐休闲中也有学习的因素。因此想要表达的并非是在空闲时间里做什么的问题，而是以何种心态度过空闲时间的问题。不要漫无目的地度过，而是要带着一种紧张感度过，应该以这种状态使用个人时间。

**名言（4）价值观是会变化的**

土光重视自我发展是因为他的价值观是顺应时代变化的历史观。他曾用下面的话语，批评过经济团体联合会中因循守旧的成员们：

我对他们说："你们是否已经从时代发展的列车上掉下去了？我不过勉强坐在16号车厢（新干线光号列车的最末一节车厢）呢，可不没有跳下车去说什么'现在的年轻人啊……'这样的话。有人对我笑道：'您多年轻啊！'"

价值观随时代的发展而改变是理所当然的。若非如此,将无法创造历史。同龄的老年人们抱怨说:"最近因为和年轻人价值观不同而非常苦恼。"但这是不可避免的。在我那个年代,每个人的价值观也是不同的,如果所有人价值观都一样,不就成了独裁国家了吗?[4]

土光年老之后,他的主张仍能获得许多年轻人热烈的支持。可以说秘密就在于土光承认"价值观是会变化的"这一灵活的历史观。

### 名言(5)拥有自己的头脑

承认历史观的变化绝不意味着被变化随意摆布。这需要我们拥有能看穿诸多变化趋势的能力,换言之,需要有大局观。

如今虽说是剧烈动荡的时代,但实际上只不过是变化速度太快。过去乘坐轿子才能走遍东海道(从东京到京都)的53个驿站,如今乘坐新干线就能到达,也不会头晕。问题在于,如何冷静地分析这一变化反映出的体制改变。

从这个意义上看,根本无须对这一变化感到惊讶。如果被快速变化的一些细枝末节冲昏头脑,惊慌失措,反而会犯许多错误。

经济界亦是如此,要洞悉将来,解决根本问题,因此我们需要拥有自己的头脑。[5]

有大局观，就是"拥有自己的头脑"。这是非常具有土光风格的表达方式。

## 名言（6）和平的男人

有大局观就能清晰地描绘出对未来的愿景；对未来有愿景就能在任何时候都做好准备。被奉为"财界名医"的土光，经常给人一种在大事面前十分强势的印象。令人感到意外的是，他说自己平时不是很强势的人。

似乎有很多人称呼我为"面对危机十分强势的男人"，或是"乱世英雄"。这些说法完全是错的。我并不是什么"乱世英雄"，而是一名"和平英雄"。

目前为止，我偶然碰到过一些危机。都用自己的方式努力地解决这些问题，仅此而已。我对世间的现象都能泰然处之，对错误的观点也能接受。我是一个彻头彻尾的和平男人。

我的个人生活也是和平的。在家里不吵架，也不喜欢太热闹，都是以和平的方式处理问题。因为我不喜欢风波和骚乱。[6]

正因为能清晰地描绘出对未来的愿景，遇事才会不动摇；正因为不动摇，遇事时才能像平常一样处理。所以土光说自己是"和平的男人"。但实际上他遇到的危机绝非偶然，而是经常之事。我们可以猜到，正是因为土光在如此多的危机中依然可以保持平和，冷静处理，才能大显身手。

### 名言（7）勇敢者只死一次

遇到重大问题时，能像平时一样镇定，迅速下决断是需要勇气的。土光以德鲁克为依据，讲述了自己对勇敢者的看法。

几乎没有干部会坦白地说"我缺少勇气"，但是他们缺少勇气的例子却不胜枚举。

迟迟不能下决断就是第一点。因为他们不想由于过早下决断而损失可能获得的利益。下决断之前，相关的资料堆得像小山一样高，这是第二点。临近决断的时刻却下达"重新讨论"的命令，这是第三点。重新讨论什么呢？关于这一点并未给出明确的指示，其实是在逃避问题。

下决断不是少数服从多数。虽然要听取多方意见，但是最后只有一个人能做决断。德鲁克曾说过，勇敢者只死一次，但胆小者却会死几千次，并且死得很惨。[7]

"经营者应该抱着敢于赴死的决心"，土光的评论掷地有声。但是，这句话曾被过分解读，认为他将经营者和部下截然分开，经营者处于比部下更高的位置，是特别的存在，那就大错特错了。倒不如说，土光认为抛开上下级关系，将经营者和部下摆在平等的位置，这一点对公司非常重要。下文就介绍一下体现他对部下给予热切关注的几句名言。

## 名言（8）看优点

土光曾说过，他在评价部下时，看的不是缺点而是优点。

我在石川岛工作时也不曾开除过一名员工，还请负责董事全部转成普通董事。若说我感性也算是感性，但其实不全是这样的。

人们总看到一件事情不好的一面，还称之为缺点，但上帝不是这样做的。每个人都有优点。做人事工作时，忽略优点是说不过去的。我会让看到别人优点的员工成为我的部下，这就是我的行事风格。

我会提出意见。因我和员工是平等的，所以会和他们大声地交流，对新入职的员工也是如此。因为我投入了激情，所以讲话声音会很大，有时会被误解为在生气，其实我根本没有生气啊。[8]

土光曾被称为"斥责总理的男人""怒吼敏夫"等。尽管如此，他自己却说"其实我根本没有生气啊"，这件事很有趣。

**名言（9）人是会变的**

土光在评价部下时，不看缺点而看优点，是因为他相信人是会变的。在强调自我发展重要性的背景下，认为人会改变和成长，土光有着这样温情的人生观。

人们在进行人事变动和晋升评价时，会想起以前发生的事。"他以前有过这样的失败经历，先缓一缓吧"。或者，打算开展一项新工作时，想到"那群顽固的石头脑袋肯定不会接受，和他们说也没用，放弃吧"。

之所以会产生上面的想法，根本原因在于对人的不信任。即使真的产生过信任危机，不能认识到"人是会变的"这一点还是很致命的。

有些人，可以在经历失败之后华丽转身，幡然醒悟改掉老毛病。

总之，不要忘记，人是会变的。[9]

土光不仅对经营方针有长远的目光。评价自己接触的人时，也能将眼光放长远。

**名言（10）成功和失败都是成功之母**

那么，人是如何成长的呢？土光曾说道，除了成功，失败的经历也是成长的食粮。

无论是大事业还是小事业，有的人只要获得一次成功就停了下来。守着自己已有的成就，该做的事情不做，趾高气扬。仅仅成功一次根本算不上成功，只有将第一次成功作为诱因，引出第二次、第三次的成功，才能说"成功是成功之母"。

无论是大事业还是小事业，有的人只要有一次失败，就好像丢了命一般。对失败感到沮丧，夹起尾巴投降。仅仅失败一次还算不上失败。重要的是彻底分析失败的原因，绝不再犯同样的错误。这样才能说"失败是成功之母"。[10]

成功也好，失败也罢，重要的是反思，将其看作把握好下一次机会的跳板。这种永无止境的向上精神，可以说是土光敏夫本人的真实写照。

### 名言（11）培育精英

在对部下的成长有所期待时，土光也有自己独特的想法。这句话正如下文所述。

有一个词叫作"少数精英"。这个词包含着双重的含义。其中第一层含义是"从大量的精英中，挑选精英中的精英"；第二层含义是"让少数人成为精英"。土光更看重第二层含义。

按第一层含义理解，精英已经聚集在自己的身边，这是一种自私的想法。但是按第二层含义理解，如今自己身边的人鱼龙混杂，需要将美玉打磨得越发美丽，更需要通过训练将石头打造成美玉，提升所有人的能力。

只有这样做，才能培育出真正的精英。[11]

不是选用现成的精英，而是将部下培育成精英，土光的这一想法从未动摇。有趣的是将构成精英候补的人数控制在小范围这一点，土光不是召集大量的人从中选择美玉，而是将人精减到少数，将他们打造成美玉。经过不断的切磋打磨，最终也可以将石头打造成美玉。由此可以看出，土光对人的能力深信不疑。

## 名言（12）做一个"充满活力的孩子"

土光需要的人才并不是平均分很高的人，在特定的领域有突出能力才更为重要。

我期望现在的学生都是"充满活力的孩子"。即使你再优秀，最多拿到90分的平均分。一群平均分是90分的人聚在一起也无法构成100分的公司。与其如此，倒不如那些某些方面分数很低，某些方面却能拿到100分，甚至是120分的人都聚在一起才更有趣。如果能把一群有一个方面不行，但是别的方面很出色的人聚在一起，组合起来运用，最不济也是100分。[12]

让每个人尽情地发挥自身特长，再将其运用在整个公司中。

土光对部下的期待不仅仅在于希望他们拥有向上的精神，通过自我发展提升整体的能力，更在于希望他们尽情地将自己潜在的能力发挥到极致。

**名言（13）工作是纵向分割的**

目前为止，我们看过了土光的人生观，下面我们把目光转向他的工作观。通过工作分配，可以反映出土光对人的信赖，对部下的信赖。

人们常说，日本企业是通过上下级的联系开展工作的。一个整体的工作会被横向切开，上司负责上层澄清的部分，部下做下层沉淀的部分。如果这样就很难激发年轻人的士气。工作应该是纵向分割的。

一项工作从开始到结束都由一个人负责，这其中包括"计划、执行和发现"的循环。在职场中，大中小型的循环在不停转动。这样的体制才会让员工感到所做的工作有价值，形成自主行动的动力。[13]

将"从最开始到结束这样连贯的工作"分配给员工，工作才能顺利推进，员工也能得到成长。最近，日本的许多制造商撤掉工厂的传送带，转变为一名员工负责多项工程的"单元生产方式"，殊不知在很早以前，土光就已经洞悉到了这个原理的正确性,并将纵向分割运用到实践中。

### 名言(14)工作的报酬是工作

第二次世界大战前的王子制纸社长,之后成为商工大臣和军需大臣的藤原银次郎曾说:"工作的报酬是工作。"土光经常把这句话挂在嘴边。完成一项工作获得的满足感比获得金钱报酬更有意义。

"工作的报酬是工作",这句话源于藤原银次郎。在金钱和工作二者的关系方面,不同立场的人曾有过各种各样的争论。但必须要承认的是,金钱买不到喜悦的感觉。工资可以减少抱怨,却无法增加满足感。能带来满足感的只有工作。无论什么样的工作,只要能让人们发挥自主性和主体性,就能让他们体会到这份工作的价值。比工作种类和程度更重要的是工作方式。[14]

从这句话可以看出土光对工作的痴迷,已经到了可以称得上"涡轮机土光"的程度。我们也可以看出他生命力的源泉所在,他的人生正是一心一意、充分发挥自主性和主体性的工作的一生。

### 名言(15)劳资的对立和协作

土光的工作观使他对劳资关系有着清晰的认识。那就是在生产时互相协作，在分配时光明正大地较量。

在劳资关系方面，对立和协作是一个永恒的课题。但是应当划清对立和协作的界限，也就是在生产过程中要坚持贯彻协作；在分配过程中要允许光明正大的较量。

在企业里，有一个严峻的事实摆在劳资关系面前，那就是"自己赚钱，养活自己"。只有在生产环节才能赚钱，所以需要劳资合作共同提高生产力，在分配的环节才能得到报酬养活自己。这时就产生了对立，只要彼此光明正大地较量就没有问题。这种情况就像两位相扑选手站在同一个场地内交手一样。[15]

无论在石川岛重工，还是在东芝就任社长之后，土光都获得了工会的好感，得到了大家的认可。其中的原因大概就在于他本身不是摆架子的人，并且他对劳资关系还有如此清晰的认知。

### 名言（16）关于"没有问题"

土光的人生观和工作观最终发展成为"重要的是每天都在深入发展和进步"的人生观。因此，直面当下的问题就成了出发点。

没有问题是一件可怕的事。工作顺利进行时人们会说"没有问题"。但是人们一向小心谨慎，远离问题，要么是明明有问题却没能发现,要么是根本不工作,所以也不可能出现问题。许多人就是这样,以为没有问题便结束了工作。

没有问题并不值得期待,它是一件可怕的事。因为这是一种平安无事,没有严重失误也没有失败的状态。这种状态会逐渐侵蚀公司,最终导致其灭亡。[16]

1990年后,被称为"失去的10年"中,日本企业大多出现了"温水煮青蛙"的现象。青蛙掉进滚沸的水里时会感觉到烫,所以就立刻跳了出来,即使被烫伤却也能保住性命。但是,把青蛙放在装有常温水的容器中慢慢加热,青蛙会感觉温水非常舒服,熟睡过去,在不经意间被沸腾的水烫死。没有意识到问题的存在,最终会导致灭亡……这个故事诞生了一个给世人以警示的词,那就是"温水煮青蛙"。土光经常用这个词警告大家。

## 名言(17)每天都是僵局

认为"没有问题才是最大的问题"的土光,对自己每天的生活方式也十分严苛。

我们每天都在碰壁中,不碰壁反而奇怪吧。每天推进一点,最后总会发现有碰壁的地方。我在石川岛播磨重工时,经常告诉社员们去打破壁垒。尽管遇到了很多问题,大家还是尽力去打破。员工会说"我觉得没有壁垒"这种话。这时,我会对他们说:"这样啊,没有吗?""你不是坐着呢吗?你站起来走一走,不管是四叠半(译者注:一叠约等于1.62平方米)的房间还是六叠的房间,只要你站起来走动总会碰到墙的。"

认为自己周围没有壁垒,说明你缺少问题意识。所以我才会说"打破壁垒"。[17]

认为"每天都是僵局"的土光,每天都在不断碰壁,接着打破壁垒,继续前行。这也与他的"每日新,日日新"这句座右铭有密切的关系。

## 名言(18)每日新,日日新

至此,我们通过介绍土光的一些名言,了解了土光敏夫的生活方式。最后这句话毫无疑问是土光的座右铭。

"每日新,日日新"是一句印在盘子上的话。如果让我说出唯一的座右铭是什么,我一定毫不犹豫说出这句话。上帝是公平的,他给每个人每天24个小时。因为今天是关键,不要被昨天影响,也不要让今天影响明天。既不为昨日之事感到悔恨,也不为明日之事感到烦忧。这种积极的状态就叫"日新"。与昨天无关也与明天无关,而是单纯地迎接今天这个崭新的一天。今天一切都要倾尽全力,今天一天都要过得有意义。这对我来说,可能是最好的养生方法。[18]

(照片提供：橘学苑)

"每日新，日日新"这句座右铭可以说将土光敏夫的人生态度展现得淋漓尽致。这句话与他极具特点的承认变化的历史观、高瞻远瞩的大局观、温暖的人生观和严肃的工作观有着千丝万缕的联系。土光饱满生命力的源泉就蕴含在这句座右铭当中。

---

**注释：**

1 第二部第237页注1所述理由，引用自《土光敏夫的哲学》一书，此书也是首次一并记载。同书169页。首次出现在《经营的行动方针》（参照第237页注3）以下标记相同。

2 同上书,第57页。首次出现在《playboy》1975年10月21日刊。

3 同上书,第109页。首次出现在《经营的行动方针》。

4 同上书,第27页。首次出现在《playboy》1975年10月21日刊。

5 同上书,第56页。首次出现在《经济界》1973年4月1日刊。

6 同上书,第43页。首次出现在《中央公论经营问题》1974年夏季刊。

7 同上书,第102页。首次出现在《经营的行动方针》。

8 同上书,第32页。首次出现在《中央公论经营问题》1974年夏季刊。

9 同上书,第77页。首次出现在《经营的行动方针》。

10 同上书,第88页。首次出现在《经营的行动方针》。

11 同上书,第161页。首次出现在《经营的行动方针》。

12 同上书,第170页。首次出现在《playboy》1975年10月21日刊。

13 同上书,第90页。首次出现在《经营的行动方针》。

14 同上书,第67页。首次出现在《经营的行动方针》。

15 同上书,第130页。首次出现在《经营的行动方针》。

16 同上书,第156页。首次出现在《经营的行动方针》。

17 同上书,第21页。首次出现在《经济界》1974年5月1日刊。

18 同上书,第37页。首次出现在《经营的行动方针》。

# Ⅱ 土光敏夫的真实面貌——长男土光阳一郎如是说

### 土光阳一郎简介

土光敏夫的长子。出生于1925年（大正十四年）11月22日。1948年（昭和二十三年）进入石川岛重工业。原石川岛通用机械厂长。现任橘学苑理事长。1971年（昭和四十六年）于土光敏夫住所旁修建个人住所，十分了解土光敏夫后半生的真实面貌。

编辑部注：下面的访谈，于2016年9月16日，在橘学苑进行。土光敏夫的母亲，登美女士创立的橘学苑位于土光敏夫住所的正对面，在1982年，经NHK特别节目《岁月的执念改革之貌土光敏夫》播出后，橘学苑人气大增。

### "简单至上（Simple is best）"

橘川：今天我们主要想了解一下土光敏夫先生的生活态度。请您用一句话概括，您对自己父亲的印象如何？

土光：他是一个"简单至上"的人。平时不怎么讲话，一直在沉着地思考。

橘川：我想"简单"的内涵是非常重要的，您认为他是那种深思熟虑之后才会说些什么的人吗？

土光：是这样的。但是，对家人来说他是个很简单的人，既不大声讲话，也不板着脸。不过也并不是温柔的人（笑）。他特别努力，总是埋头工作。

橘川：虽然简单，但实际上非常能抓住要点。

土光：没错，经常一针见血。

橘川：您能回想起关于父亲的有趣的事情吗？

土光：我上小学的时候，有段时间感觉数学特别难，忍不住向父亲问了一道数学题。那是我第一次问他数学题，可他并没有回答我。我那时在想，是不是父亲也不会做啊（笑）。现在我当然知道，他是会做的，只是故意不告诉我，也不会说"自己去想"这种话。

橘川：没有回答是吗？

土光：对，没有回答。（笑）还有过这样的事呢，因我很少问他问题，所以反而记得更清楚。确实有过这样一件事。

橘川：您父亲的意思是让您自己去想答案吗？

土光：对啊，他传达给我这样的信息，但他什么也不说。

橘川：他有在家里说过工作上的事情吗？

土光：从来没有过。1948年（昭和二十三年）我进入了石川岛重工业，1959年父亲作为子公司石川岛芝浦电气的社长回来了。这件事让我困扰极了，我的上司也费了很多神。

橘川：您父亲回来，和您在同一个公司工作，对您说过什么话吗？

土光：什么也没说。他就是这样的一个人。

橘川：您当时在哪个部门工作？

土光：和父亲一样，在内燃机设计部门。因为那时，第二次世界大战刚结束不久，用的是柴油机，不是涡轮机。渔船用柴油机，石川岛是专门做渔船的，因之前石川岛播磨造船所生产过大型的柴油机。

橘川：你们经常在公司碰面吗？

土光：不会不会。我那时只是一个刚进公司的新人。但是父亲会突然亲临现场，因为是我设计的，虽然本不需要他来现场的，他还是会时不时地来看看。

橘川：那你们会在现场交流吗？

土光：几乎没有啊。

橘川：人们印象中，您父亲在公司是非常严肃的形象，其实并不是这样吗？

土光：嗯……他说话向来是毫不客气的。毕竟他是从第一线打拼出来的，对任何工作都很清楚。但其实他就是一个很简单的人，所以，他会一针见血地把想说的话讲出来。

**关在书房读书**

橘川：如您刚才所说，"简单至上"不但体现在家庭生活中，也体现在工作上。

土光：是的。他说话非常简洁，因为他是搞技术出身，讲话不会又细又碎，而是一针见血。当然，我想他在技术员和公司的经营者这两个不同的身份中转换时，说话方式可能稍微有所区别。

橘川：确实，在印象里，您父亲作为经营者也不会说很多话。

土光：他说话都非常简洁。

橘川：因为我的职业，也有幸和很多经营者聊过，我发现，一些话多和喜欢自夸的经营者，并不是那么出色（笑）。您刚才说，您的父亲到现场是搞突然袭击吗？

土光：是的。

橘川：这个有点受不了吧（笑）。

土光：去生产一线是很重要的，我想父亲还是发自内心热爱一线工作的，所以他从不觉得这是件麻烦事。再加上他本来就很了解一线的生产工作，到了现场会立刻发现问题，然后会毫无顾忌地说出来。

橘川：可以说一语中的吧。

土光：是的。

橘川：回家以后，会不会和您说"今天看见你了"这样的话呢？

土光：我不记得父亲说过这样的话呀。而且他在家不会讲公司的事情。

橘川：您父亲一般晚上几点回家呢？

土光：早上他出去得很早，晚上回来得也挺早的。几乎不会喝了酒再回家，吃过晚饭就把自己关在书房里一直读书。

橘川：是看技术类的专业书籍比较多，还是看一般的书比较多呢？

土光：确实看专业书籍会更多一些，但是书房里有很多种类的书，有哲学和宗教类的书，范围非常广，还有很多外文书。他曾去瑞士学习涡轮机的相关知识，所以可以看懂德文，曾经在GE（美国通用电气公司）待过一段时间，也能读英文。所以他会为了学习涡轮机的知识，看些外国杂志和专业书籍。

橘川：朋友和亲戚经常来您家里做客吗？

土光：我记得在第二次世界大战之前，那时候父亲还年轻，在过年这样的节日会带几个同事下班后到家里来。他很喜欢交朋友,可能因为那时住在青山,大家住得比较近,邀请也方便。后来,第二次世界大战结束之后,父亲变忙了(注:1946年起担任石川岛芝浦电气的社长),而且住在鹤见的狮子谷那边,位置可能不是很方便了,但还是会定期叫亲戚和孩子们到家里来,每年过年和父亲生日(9月15日)是一定会来的。父亲有5个孩子,我们5个孩子和我们的家人加起来超过了20人。

橘川:这个时候,土光敏夫先生是怎么样的状态呢?

土光:他很少说话,基本都是在安静地听。说到孙子时,还会笑眯眯的。最多也就是说一句"好好学习啊"。喝酒只喝半杯啤酒,也很少夹菜。

橘川:您记忆当中,"简单至上"的土光敏夫先生,有没有说过很大段的话?

土光:这个真的没有,在家在公司都没有。

橘川:在家的时候,有没有说过"你必须这样活"之类的人生训诫呢?

土光:没有啊。可能因为父亲是明治年间生人,他只会树立典范,潜移默化地影响我们。

橘川:尽管上了年纪,这种"简单至上"的感觉也没有改变吗?

土光：我觉得没有。

橘川：一般来说，上了年纪会越来越爱说话的（笑）。

土光：我的父亲还真没这样，话还是很少。

**母亲和祖母的人格**

橘川：（一边翻看土光敏夫亲笔写的文字资料）字迹真是很工整啊！字非常小，字与字之间的间距都是一样的，可以看出土光先生严谨的性格。还可以看出来您父亲也是语言学方面的专家，因为这写的是英文，应该是有关技术的资料吧。您父亲有没有提过在瑞士的经历和在美国的经历有哪些不一样呢？

土光：不记得他说过。不只是这个，他什么都不说的（笑）。

橘川：毕竟"简单至上"嘛（笑）。您作为听者是什么感受呢？与话很多相比，还是话少一点更让人印象深刻吗？您有怎样的感受？

土光：还是话少会比较容易记住吧。如果啰里啰唆，会听不出重点是什么（笑）。

橘川：但这是因为您父亲是土光敏夫才会如此吧。换作其他人，即使说一样的话，给人的感觉也会不一样。您父亲是用什么语气和您说话呢，是很严厉，还是很普通的语气？

土光：用很简单的语气正常说话（笑），像"这个好""最

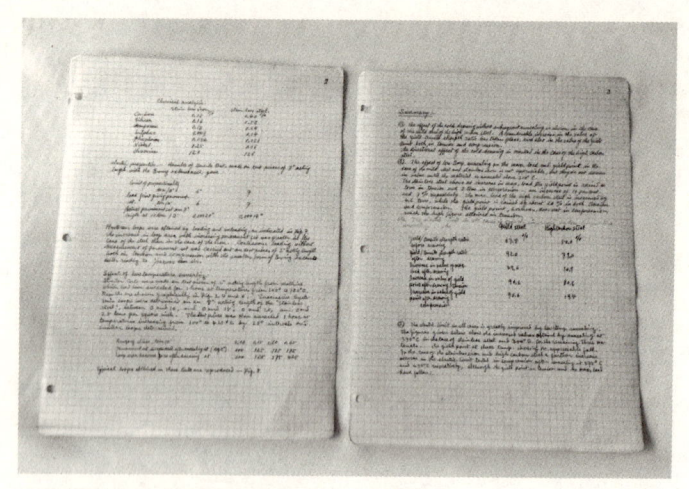

土光敏夫的亲笔文字资料（资料提供：土光阳一郎）

好"这样。也很普通，不会用强制的语气说"你应该这样、你应该那样"之类的话。

橘川：您的母亲直子是一位怎样的人呢？

土光：我的外祖父（栗田金太郎）之前在石川岛工作，也是一位技术员，在父亲看来，母亲就是前辈的女儿吧。我不清楚是不是因为这层关系，我母亲也不爱讲话，她是一个温柔的人。

橘川：您的祖母登美，是一位怎样的人呢？我们现在谈话的这个地方，橘学苑，正是登美女士一手创办的。

土光：祖母非常地疼爱我，但是她是个很啰唆的人（笑）。

橘川：和您的父亲母亲不是同一个类型啊（笑）。话很多吗？

土光：不是不是，也没有那么爱讲。但是该说的还是会说的，应该说是教育家，或者说是老师的类型吧。不过说话方式不会让人觉得厌烦，这一点父亲和祖母很像，果然是亲生的。祖母说话的时候，父亲也会认真听。

橘川：我记得您祖母有一个绰号，叫"大号奶奶"，是这样吗？

土光：我父亲特别忙，总不在家，祖母替父亲照顾我们，所以我算是奶奶带大的孩子。我小的时候更多的是和祖母一起出门，她会给我买玩具。拍照的时候也几乎是和祖母合照。她是一个气量很大的人，给零花钱也特别爽快。她还非常好学，在那个"女子无才便是德"的年代，她从冈山到东京，与一流的人物接触，这不正是想提升自己的表现吗？

**土光敏夫眼里的日莲宗和法华经**

橘川：既然提到了登美女士，那我想问您关于日莲宗和法华经的几个问题。您的父亲土光敏夫也是一位日莲宗的信仰者，日莲宗对他来说意味着什么？我们还是要从这个角度去讨论，但是也不适合讨论过多。我是一个日莲宗的门外汉，可能无法捕捉到细枝末节的部分。日莲宗的忠实信徒登美女士创办了橘学苑，如今您就任理事长，想必作为土光家的一分子，可以了解那种细腻的情感，把握讨论的度。在经营当中，土光敏夫先生在日莲宗和法华经方面可能也没有说过太多。但是清晨和晚上入睡前都一定会诵经，对您父亲本人来说也是一种鞭策吧。

土光：在冈山，有一个词叫"备前法华"（备前：古代的冈山），可以说日莲宗在冈山是非常繁盛的。所以对我们来说就是很自然会接触到的、身边的东西。日莲宗在我看来是一种简单的教谕，很符合父亲坚持"简单至上"的个性，不需要烦冗的教条。

橘川：登美女士也对日莲宗有着强烈的感情吗？

土光：那是当然啦。不过，时代背景不同了，可能也不该放在一起比较吧。

橘川：大家都知道，土光敏夫先生将大部分的个人积蓄投入到橘学苑里。您认为这是受到宗教的影响，还是单纯的因为母子关系呢？

土光：我觉得是母子关系的原因吧。根据我的了解，父亲几乎没有谈论过橘学苑的事情。他做理事长时都交给别人去打理。但是他直到去世都一直担任理事长一职，应该对橘学苑有很深的感情吧。

橘川：据说最初决定创办橘学苑的时候，虽然登美女士和您父亲关系很好，但却并未过多向您父亲提这件事，从下定决心到真正创办起来花了很长时间……

土光：我父亲当时是反对的。因为要投入很多钱，而且作为儿子，他也不想看到自己母亲太忙碌。也有时代的关系，那时是1941年（昭和十六年），太平洋战争就要开始了。

橘川：《我的履历书》书中写道，1941年9月，在您祖父菊次郎的七日忌这天，登美女士十分坚定地宣布"我要建学校"。虽然一开始您的父亲很反对，但最终还是决定支持登美女士的想法。当时，您的其他家人有没有讨论过这件事呢？大家是什么样的心情？

土光：我们放弃了劝说祖母（笑）。祖母是一个强势的人，想做的事情就一定要做到。

橘川：在那之后第二年，1942年4月1日，学苑开始招生。当时的名称还是"橘女子学校"。在那个战争一触即发的年代，居然用短短半年时间就建起了一座学校，这样的行动力真是让人惊叹。

土光：因为我父亲工作很忙，没有时间，是我去川崎的登记所登记的。我和五六个田主一起去登记所盖章。我当时觉得

橘学苑航拍照片，为纪念照片上方增建的 3 层校舍所拍（1962 年 9 月，照片提供：橘学苑）

祖母创办了橘学苑之后，好像完成了毕生的事业一样就离开了人世。祖母是 1945 年 4 月去世的，那时橘学苑才刚建立 3 年。我的父亲也被祖母的热情感动，想要出一份力，不可能不支持她的啊。

　　橘川：读《我的履历书》，我发现关于橘学苑的描写，页数之多非同一般。对登美女士也用了很大的篇幅去记述，可以感受到这份真挚的感情。我们回到刚才的话题法华经，您父亲在清晨和晚上入睡前会诵经，但平时在生活中并不会参与宗教活动是吗？

土光：不会参与。也不会去寺庙拜佛。

橘川：日本人诵经，其实并没有什么宗教上的意义。

土光：好像是一种调整生活节奏的习惯吧，敬仰祖先。说句题外话，我们家重建房子时，从地下挖出7块刻着《南无妙法莲华经》和《妙法莲华经》的石碑。其中有一块上面刻着年号"宝永二年"（1705年），年代非常久远了。现在这个地方日莲宗没有那么兴盛了，几百年前应该进行了大规模的传教活动吧。

橘川：那么在这里创立橘学苑，与日莲宗的兴盛，有着某种联系吗？

土光：啊，这个并没有，所以才觉得很巧啊（笑）。当时我和祖母从鹤见站沿着石子路一直往这里走，祖母突然说："就是这儿了！"在这之前我们步行去了成城、玉川学园、东海道沿线的很多地方，看过了那么多的地方之后，她突然说："就是这儿了！"当时鹤见站附近有很多的住宅用地，但是祖母没有选择。现在从鹤见站坐公共汽车到这里也需要10分钟，在当时这一片都是树林和田地。从鹤见站到这里一直是上坡，从这里继续沿着下坡一直走下去到网岛站，都是菜园子和农田。以前，从这里可以看到坐公共汽车需要20分钟的网岛站，因为这里是最高处，也没有遮挡视线的高楼。

橘川：走过那么多地方来到这里的时候登美女士突然决定了校址。当时，并不知道这里和日莲宗的关系吗？

土光：当然不知道。

橘川：真是不可思议的一段故事啊（笑）！

土光：可能冥冥之中有命运安排吧（笑）。这只是个题外话。不过这里确实是好地方，零零星星的有一些建筑，几乎都是农田。我想祖母是想把这里当作自己隐居的地方，也当作学校用地，走了那么多路才选择了这里。我记得当时真是累得够呛。

橘川：土光敏夫先生在1944年末移居到青山，自那之后都是从这去公司的。

**传言的虚实**

橘川：土光敏夫先生有许多的逸闻趣事，究竟哪些是真，哪些是假，传闻夸张了多少，现在我们很难去判断。问您一件很琐碎的小事，在书里土光敏夫先生曾写道，第二次世界大战后一次都没有去过理发店，都是在家里让儿子给自己理发，这是真的吗？

土光：我确实给他剪过。父亲发量比较少，剪起来很轻松（笑）。用理发推子"唰"地一推。如果我不在父亲身边，就由母亲代劳。

橘川：还有件事情，您父亲有一个用了很久的漱口杯。

土光：啊，这也是真的。

橘川：这些事情可能在细节上和真实情况多少有些出入，但是总的来说都是真的。

土光：是的，至少不是假的。

橘川：听说有一件关于沙丁鱼的事情，据说您父亲在外面吃饭时从来不会剩饭，都能吃光，是个大胃王。但是如果在家里吃饭，应该吃的比较简单吧。

土光：很简单，饭菜都很简单（笑）。我们家院子里种了些蔬菜，所以我们饮食都很均衡。父亲本来就是平民的孩子，对他来说蔬菜就是美味佳肴。从这个角度来看，父亲基本都能做到自给自足，对他来说，可能是一件很普通的事情。因为无论什么事情，他都会亲自去做。我母亲是个喜欢做饭的人，所以会在饮食方面下很多功夫，我们一家人坐在饭桌边，开开心心地吃母亲做的饭。

橘川：与其说有特别的理由，不如说你们出身平民，所以过着这样朴素的生活？

土光：对，因为我们都是平民家的孩子。

橘川：和宗教有关系吗？

土光：和宗教没有关系吧，我觉得没有。

橘川：这次我查阅了很多资料，土光敏夫先生在每本书中都说自己的家里是非常朴素的，真的是每一本书里都有写（笑）。

土光：嗯，如果和父亲的收入相比，肯定算是朴素的。他不是一个喜欢奢侈的人。但是也没有那么过分啦（笑），和有钱人比起来可能是有些不够精致，但是和普通人比还是挺普通的。家里也有好酒的，和现在不一样，以前年中还有岁末时，有人会送一些好酒，也没办法拒绝，他还喝过红酒。那是1922年（大正十一年）他去瑞士留学后养成的习惯。我小的时候，当时在日本，滑冰、滑雪、网球、登山这些运动装备很难买到，这些运动算是非常时髦了。父亲虽然工作很忙，没有什么休息时间，但我清楚地记得他滑冰的身姿。

橘川：说到土光敏夫的特点，那就是不仅在语言上，在行动上也充满了魅力，通过刚才说的一些小事，更印证了这一点。他并不是亲自向别人讲自己的事情，而是通过周围人口口相传，让别人了解他。尽管有一些细节可能与事实有出入，但可以肯定地说，本质的部分还是真实的。

**在家是沉默寡言的人**

橘川：最后您能说一件土光敏夫先生让您印象最深刻的事情吗？

土光：在我小的时候，有好几次父亲带我去奥多摩、秩父。但都是当天来回的，需要早上 4 点出发。

橘川：您印象中，有没有被教训过呢？您父亲不怎么训人的吗？

土光：没有被教训的记忆。

橘川：夸过您吗？

土光：也没有呢（笑）。

橘川：训人啊，夸人啊，这种带有强烈情感的行为，好像您父亲并不会去做。

土光：对孩子们他不会做。

橘川：这和我们对他在职场中的印象很不一样呢。从石川岛芝浦涡轮机到成为本社的石川岛重工业的社长，回到公司，他曾说"来吧！开始干吧"这样的话，难道说……

土光：我不清楚啊。

橘川：这件事您也不清楚吗（笑）？

土光：因为他在家什么也不说啊（笑）。

橘川：无论是石川岛与播磨合并，还是就任东芝社长，都是很大的转机。尽管是人生中非常重要的转折点，在家里他还是什么都不说，可以说是个非常有个性的人。您最开始说的"简单至上"真是一个精准的关键词。

# 后记

1965年（昭和四十年）土光敏夫就任东芝社长，在推进经营重建的过程中，导入了"挑战·应战式经营管理"模式。"挑战"一词，极具激活公司全体员工的积极意义。

经过半世纪之后，2015年（平成二十七年），东芝爆出财务丑闻事件，成为巨大的社会问题。这时，"挑战"再次成了东芝的关键词，作为公司高层传达的一种半强制的命令，已经充满了消极的意味。

在土光社长的带领下完成经营重建的东芝，扩充事业内容，取得了飞跃性的进步。这个过程，与日本经济整体的空前增长，也就是"伊奘诺景气"完美重合。

东芝的财务丑闻事件，反映出公司高层缺少长远的目光，一味追求眼前利益的经营态度。这样的经营态度如今已蔓延到多家日本企业，导致日本经济至今未能从20世纪90年代泡沫崩坏后的长期低迷中走出来。

在我们重新审视这一事件时会发现，1988年逝世的土光敏夫身上的很多精神，值得我们今天再去学习。可究竟是什么呢？这也是贯穿整本书的主题。

在即将结束这本书之际，我们再次确认本书的结论。如今我们应该向土光学习：

◎面对危机，勤俭节约，贯彻合理主义；

◎面对危机，不要只考虑短期的对症疗法，而是要高瞻远瞩，具备长远眼光，从根本上解决问题；

◎面对危机，充分发挥所有人的活力，激活整个组织，高层应率先树立典范，奋斗进取。

诸如此类，将成为为日本经济和日本企业重生指明方向的路标。

# "企业家土光敏夫"简略年表

| 公历 | 和历 | 年龄 | 相关事项 | 社会状况 |
| --- | --- | --- | --- | --- |
| 1896 | 明治二十九年 |  | 9月15日在冈山县御津郡大野村（现冈山市）出生。是父亲菊次郎和母亲登美的第二个儿子。 | 4.6第一届夏季奥林匹克运动会在雅典举行。 |
| 1903 | 明治三十六年 | 6 | 4月，进入大野村立大野寻常小学校。 | 12.17莱特兄弟飞行成功。 |
| 1911 | 明治四十四年 | 14 | 4月，进入私立关西中学（现关西高中），被山内佐太郎的教育方针深刻影响。 | 10.10中国发生辛亥革命。 |
| 1917 | 大正六年 | 20 | 4月，进入东京高等工业学校（现东京工业大学）机械科。 | 这一年，俄国发生二月革命和十月革命。 |
| 1920 | 大正九年 | 23 | 3月，从东京高等工业学校毕业。4月，进入东京石川岛造船所，参与涡轮机的设计。 | 3.15发生战后恐慌。 |
| 1922 | 大正十一年 | 25 | 1月，作为研究员被派遣至瑞士的Escher Wyss公司。 | 2.6华盛顿海军条约。 |
| 1924 | 大正十三年 | 28 | 10月，从瑞士归国。归国一个月后，与上司栗田金太郎的长女直子结婚。 | 1.26皇太子裕仁（后来的昭和天皇）结婚。 |
| 1929 | 昭和四年 | 32 | 5月，秩父水泥买入的涡轮机开始工作，土光是设计者。 | 10.24纽约股市大跌。 |
| 1936 | 昭和十一年 | 39 | 5月，土光作为技术部长进入刚成立的石川岛芝浦涡轮机。 | 2.26二二六事件。 |

| | | | | |
|---|---|---|---|---|
| 1937 | 昭和十二年 | 40 | 2月，结束在通用电气公司的派遣，从美国归国。 | 7.7卢沟桥事变（中日战争开始）。 |
| 1940 | 昭和十五年 | 44 | 7月，就任石川岛芝浦涡轮机的董事。 | 10.12大政翼赞会成立。 |
| 1941 | 昭和十六年 | 45 | 9月20日，父亲菊次郎去世。 | 12.8太平洋战争开始。 |
| 1942 | 昭和十七年 | 45 | 9月，在父亲一周忌日的仪式上，母亲登美宣布要建立专门的女子教育学校。 | 6.5中途岛海战。 |
| 1945 | 昭和二十年 | 48 | 4月，母亲登美创办了四年制的"橘女子学校"。 | 8.15昭和天皇玉音广播。 |
| 1946 | 昭和二十一年 | 49 | 4月21日，母亲登美去世。土光继承了橘女子学校的经营。6月，东京石川岛造船所改名为石川岛重工业。 | 11.3日本国宪法公布。 |
| 1948 | 昭和二十三年 | 51 | 4月，土光敏夫的长男阳一郎进入石川岛重工业。 | 11.12远东国际军事法庭判决。 |
| 1950 | 昭和二十五年 | 53 | 6月，就任石川岛重工业的社长。 | 6.25朝鲜战争爆发。 |
| 1954 | 昭和二十九年 | 57 | 4月，因造船丑闻事件不得不被捕，但没有被起诉。 | 7.1陆海空自卫队成立。 |
| 1958 | 昭和三十三年 | 61 | 1月，与巴西政府签订了进军巴西的协议书。 | 4.5长岛茂雄4号三振出道。 |
| 1960 | 昭和三十五年 | 64 | 2月，石川岛重工业和播磨造船所合并，石川岛播磨重工业（现IHI）成立。土光成为该社社长。 | 9.5池田首相发表收入倍增政策。 |
| 1964 | 昭和三十九年 | 68 | 11月，石川岛播磨重工业社长的位子传给田口连三，出任会长。 | 10.10东京奥林匹克。 |
| 1965 | 昭和四十年 | 68 | 5月，就任经营不善的东京芝浦电气（现东芝）的社长。 | 4.1第一家国产客机YS通航。 |
| 1968 | 昭和四十三年 | 71 | 5月，就任经济团体联合会的副会长。 | 12.10三亿日元事件。 |
| 1972 | 昭和四十七年 | 75 | 8月，卸任东芝社长，就任会长。 | 2.19联合赤军浅间山庄事件。 |

| | | | | |
|---|---|---|---|---|
| 1974 | 昭和四十九年 | 77 | 5月，就任第四代经济团体联合会会长。 | 11.26田中首相表明辞职意向。 |
| 1975 | 昭和五十年 | 78 | 8月，提出政治捐款相关的建议，引起社会广泛关注。《文艺春秋》2月版刊载《日本的自杀》一文，引起土光共鸣。 | 11.15第一届发达国家首脑会议。 |
| 1976 | 昭和五十一年 | 79 | 6月，就任东京芝浦电气顾问。 | 12.24福田赳夫内阁成立。 |
| 1980 | 昭和五十五年 | 83 | 5月，成为经济团体联合会名誉会长，并出任顾问。 | 9.22两伊战争爆发。 |
| 1981 | 昭和五十六年 | 84 | 3月，就任第二次临时行政调查会会长。<br>7月，"土光临调"进行第一次答辩。 | 1.20里根出任美国大总统。 |
| 1982 | 昭和五十七年 | 85 | 7月，《NHK特集85岁的执念 行政改革的真容·土光敏夫》在电视台播放，"目刺土光"引起了社会的广泛关注。 | 10月铃木善幸首相突然宣布退出大选。<br>11.27中曾根康弘内阁成立。 |
| 1983 | 昭和五十八年 | 86 | 3月，第二次临调进行了最终的第五次答辩并解散。<br>7月就任临时行政改革推进审议会会长（接受中曾根首相的邀请）。 | 4.15东京迪士尼乐园开园。 |
| 1986 | 昭和六十一年 | 89 | 6月，卸任临时行政改革推进审议会会长一职，宣布退出所有工作。 | 4.1男女雇用机会均等法颁布。 |
| 1987 | 昭和六十二年 | 90 | 11月，获得勋一等旭日桐花大绶章。 | |
| 1988 | 昭和六十三年 | 91 | 8月4日，去世。 | 6月里库路德事件。 |

※ 年龄为"相关事项"发生时，土光敏夫的实际年龄。

## 写在PHP经营丛书"日本的企业家"系列发行之际

本套丛书介绍了像日本明治时期的涩泽荣一那样优秀的几位企业家。他们将日本商业在中世纪和近代的奋斗精神发扬光大，引领了近代的发展。日本在昭和时期饱受战争之苦，此后能快速复兴正是因为这些企业家的不懈努力。他们团结和领导人们，为实现社会富裕作出了杰出的贡献。1946年（昭和二十一年）11月创立本公司的松下幸之助就是其中的一人。他一方面励精图治致力于经营事业，另一方面又以"人乃万物之灵"为理念，通过本公司的各种活动向世人展示了繁荣、和平、幸福的美好愿景。

我们秉持着尊敬这些创时代的企业家的态度，汲取他们的人生智慧。在了解这些优秀企业家之后，通过他们的人生经历和经营历史一定会获得现实性的启示。秉承这种信念，为纪念公司创立70周年，决定发行PHP经营系列丛书。在策划本套丛书时，首先选取了活跃在日本近现代，重视经营理念的企业家们，一人做成一卷。松下幸之助以展现言微旨远的寓意为初衷，将宣传图标设计为两匹头部相对，在天空翱翔的飞马，给人以尊重个体、旨在和谐的印象。"以史为鉴可知战略，洞察人心"——基于史实和研究成果所撰写的本套丛书如蒙钟爱，我们将不胜欣喜。

> 股份公司 PHP 研究所
> 2016 年 11 月

DOKOU TOSHIO
Copyright @ Takeo KIKKAWA
First published in Japan in 2017 by PHP Institute,Inc.
Simplified Chinese translation rights arranged with PHP Institute,Inc.through Beijing Hanhe Culture Communication Co.,Ltd
Simplified Chinese edition copyright @ 2019 New Star Press Co., Ltd.
All rights reserved.
著作版权合同登记号：01-2018-1538

**图书在版编目（CIP）数据**

土光敏夫 /（日）橘川武郎著；高佳欣译．——北京：新星出版社，2019.6
ISBN 978-7-5133-3415-0

Ⅰ.①土… Ⅱ.①橘…②高… Ⅲ.①土光敏夫（1896—1988）-企业管理-经验 Ⅳ.①F431.366

中国版本图书馆CIP数据核字（2019）第071801号

# 土光敏夫

[日] 橘川武郎 著；高佳欣 译

**策划编辑**：杨英瑜
**责任编辑**：杨英瑜
**责任校对**：刘　义
**责任印制**：李珊珊
**装帧设计**：斑　马

**出版发行**：新星出版社
**出 版 人**：马汝军
**社　　址**：北京市西城区车公庄大街丙3号楼　100044
**网　　址**：www.newstarpress.com
**电　　话**：010-88310888
**传　　真**：010-65270499
**法律顾问**：北京市岳成律师事务所

**读者服务**：010-88310811　　service@newstarpress.com
**邮购地址**：北京市西城区车公庄大街丙3号楼　100044

**印　　刷**：北京美图印务有限公司
**开　　本**：787mm×1092mm　1/32
**印　　张**：8.5
**字　　数**：147千字
**版　　次**：2019年6月第一版　2019年6月第一次印刷
**书　　号**：ISBN 978-7-5133-3415-0
**定　　价**：62.00元

**版权专有，侵权必究；如有质量问题，请与印刷厂联系调换。**